Die Form der Kriegserklärung

Eine völkerrechtliche Untersuchung

von

Dr. jur. Andreas Steinlein

1917

München, Berlin und Leipzig

J. Schweitzer Verlag (Arthur Sellier)

By

Druck: Dr. F. P. Datterer & Cie. (Inh.: Arthur Sellier) Freising-München.

Inhalt.

Literatur.

Actes et Documents de la deuxième Conférence internationale de la Paix. Tome I, III. La Haye 1917.

Annuaire de l'Institut de Droit International, 21. Volume.

Auquetil, Motifs de guerre et des traités de paix de France pendant les règnes de Louis XIV, Louis XV, et Louis XVI, depuis la paix de Westphalie en 1648, jusqu'à celle de Versailles, en 1783, Paris, an VI de la République.

Ayalae Baltazaris, Exercitus de jure et officiis bellicis ac disciplina militari, tres libri, Antwerpen 1597.

Barbeyrac, Anmerkungen zu Pufendorf De jure naturae et gentium.

Barnekau, Dissertatio de clarigatione, in Boeclers Sammlung von Dissertationen, Straßburg 1710.

Belli Petrini, De re militari et de bello tractatus, Venedig 1563.

Bluntschli, Das moderne Völkerrecht, Nördlingen 1872.

H. Bonfils, Manuel de droit international public, 2. Aufl. herausgegeben von P. Fauchille, Paris 1898.

Brocher de la Fléchère, Les Révolutions du droit, Bd. II, Paris 1882.

Broglie, Duc de, Frédéric II et Marie Thérèse, Paris 1883. Frédéric II et Louis XV, Paris 1885.

Brüyas, De la décláration de guerre, Lyon 1899.

Bruni Conradi, De legationibus, 1548.

Burlamaqui, Princips du droit naturel et du droit politique, Genf 1748.

Bynkershoeck, Questiones juris publici, Paris 1737.

du Cange, Glossarium Mediae et Infimae latinitatis, 1883.

Calvo, Le Droit International, Paris 1888.

Clarendon, History, Oxford 1827.

de Clercq, Recueil des Traités de la France von 1713—1872, 1. Aufl. 1864.

Coccejus, De clarigatione 1624.

Colombière, Marc Vulson de la, De l'office des roys d'armes, des hérauds et des poursuivants, Paris 1614, 1645. In Leber Collection de pièces relatives à l'histoire de France Bd. 13, Paris 1838.

Curban, Réal de, La Science du Gouvernement, Paris 1764.

Curne La de Sainte Palaye, Das Ritterwesen des Mittelalters, übersetzt von Klüber 1786.

Dareste, Histoire de France.

Dubellay, Mémoires.

Dufraisse, Histoire du droit de guerre et de paix de 1789 à 1815, Paris 1867.
Emérigon, Traité des assurances, Paris 1827.
Fauchet, Cl., Oeuvres de feu Claude Fauchet, Paris 1610.
De Flassan, Histoire générale et raisonnée de la diplomatie française ou de la politique de la France depuis la fondation de la Monarchie jusqu'à la fin du règne de Louis XVI, 7 Bände, 2. Aufl., Paris 1811.
Fleischmann, Völkerrechtsquellen 1905.
Frédéric II, Roi de Prusse, Oeuvres historiques, Mémoires pour servir à l'histoire de la Maison de Brandenbourg, Histoire de mon temps.
W. D. Geisberg, Bismarck und das Kriegsvölkerrecht, Bonner Diss. 1913.
Gentilis Albericus, De jure belli, libri tres, Hannover 1598.
F. Giraud, Des hostilités sans déclaration de guerre in der Revue de droit international et de législation comparée.
Le Grand, Essai sur l'office d'armes au moyen âge.
H. Grotius, De jure belli ac pacis, libri tres, editio nova, Amsterdam MDCL.
J. N. Guyot, Traité des offices, Paris 1786.
A. Hall, Treatise on international law, 1895.
Halleck, International law, 1893.
Hautefeuille, Des Droits et des devoirs des Nations neutres, Paris 1868.
A. W. Heffter, Das europäische Völkerrecht, 8. Aufl., bearbeitet von J. H. Geffken, Berlin 1888.
Heineccius, Elementa juris civilis, Leipzig 1766.
Hollinshed, Chronicle.
E. Holland, Studies on international law, Oxford 1898.
Huber, De conflictu legum, 1708.
Hübler, Die Magistraturen des völkerrechtlichen Verkehrs (Gesandtschafts- und Konsulatsrecht) und die Exteritorrialität. 1900.
Jaeger, in Siebenkees, Juristisches Magazin, Bd. I. Jena 1782.
Kamptz, Carl Albert von, Neue Literatur des Völkerrechts, Berlin 1817.
J. Kent, Commentaries on American law, Boston 1876.
Joh. Ludwig Klüber, Europäisches Völkerrecht, Stuttgart 1821, 2. Aufl. von Morstadt, Schaffhausen 1851 (zuerst französisch erschienen unter dem Titel: Droit des gens moderne de l'Europe, Stuttgart 1819).
E. Lavisse, Histoire de France, Paris 1900.
F. Lenter, Das Recht im Kriege, Wien 1880.
Leibniz, Codex juris gentium diplomaticus, Hannover 1693.
F. v. Liszt, Das Völkerrecht, 9. Aufl., Berlin 1913.
C. Lueder, Der neuste Codificationsversuch auf dem Gebiete des Völkerrechts, Erlangen 1874.
— — Völkerrecht in Bd. IV. von Holtzendorffs Handbuch des Völkerrechts, 1889.
v. Martens, Völkerrecht, deutsche Ausgabe von Bergbohm, Berlin 1886.
— — Journal du droit international privé 1904.
Maurel, De la déclaration de guerre, Toulouse 1907.

Henri Martin, Histoire de France, 1667.
Maurice, Hostilities without declaration of war, London 1883.
Michelet, Origines du droit français, Paris 1867.
— Histoire de France.
Du Mont, Corps universel diplomatique du Droit des Gens, contenant un Recueil des Traités d'alliance, de paix de trève, etc. par Mr. J. Du Mont, Baron de Corels-Croon, Amsterdam, a la Haye MDCCXXVI bis MDXXXIX, 14 Bände (fortgesetzt von Rousset).
J. J. Moser, Beyträge zu dem neuesten europäischen Völkerrecht in Kriegszeiten, 1779, Tübingen. 3 Bde.
E. Nys, Le droit de la guerre, Brüssel 1882.
— — Origines du droit international, Brüssel 1894.
— — Le droit international, Brüssel 1906.
Oppenheim, International Law, 1905.
Ortolan, Règles internationales et diplomatie de mer.
Parys du Puy, Tractatus elegans et copiosus de re militari.
Pasquier, Les Recherches de la France, Paris 1596.
Pelisson, Histoire de Louis XIV.
Phillimore, Commentaries upon international law, London 1885.
Pillet, Le droit de la guerre, Paris 1892.
— Les lois actuelles de la guerre, in der Revue politique et parlamentaire S. 101.
Piédelièvre, Précis de droit des gens, Paris 1895.
H. v. Poschinger, Fürst Bismarck und die Diplomatie, Hamburg 1900.
Pradier-Fodéré, Traité de droit international, Paris 1894.
Pufendorf, De jure naturae et gentium, Amsterdam 1734.
Rayneval, Gérard de, Institution du droit de la nature et des gens, Paris 1832.
P. Rech, Das europäische Völkerrecht, Graz und Leipzig 1885.
Recueil de Traités d'alliance, de paix, de trève, etc. des Puissances et Etats de l'Europe depuis 1761 jusqu'à présent.
1. u. 2. Göttingen 1817—1835, Bd. 1—4 von G. F. de Martens, Bd. 5—8 von Charles de Martens. Nouveau Recueil de Traités etc. depuis 1808. Göttingen 1817—1842 (von Martens, Saalfeld und Murhard). — Nouveaux Suppléments au Recueil de Traités etc. depuis 1761, Göttingen 1834—1842, 3 Bände (von G. F. Martens). Nouveau Recueil Général de Traités etc. Göttingen 1843—1875, Bd. I—XX (von Murhard, Pinhas, Samwer); Bd. XII und XIII führen den Untertitel Archives diplomatiques générales des années 1842 et suivantes.
J. Reddie, Researches historical and critical in maritime international law, Edinburg 1844.
Rehm, Die völkerrechtliche Stellung des Verbündeten, in der Zeitschrift für Internationales Recht, Bd. XXVI, S. 122 ff.
Rivier, Principes du droit des gens Paris 1896.

Rolin, La guerre actuelle, in der Revue de droit international 1870.
Joh. Sleidan, Reformationsgeschichte, Deutsche Ausgabe von J. S. Semler, Halle 1777 ff.
A. Sorel, L'Europe et la Révolution française, 8 Bände, Paris 1887.
Soughimoura, Yotaro, De la déclaration de guerre, Lyon 1912.
J. C. W. v. Steck, Von Versicherung feindlicher Schiffe und Güter, Berlin 1776, ferner Abhandlungen, Halle 1757, 1784.
Thiers, Histoire de l'Empire, Paris 1867.
Travers-Twiss, The law of nations, Oxford und London 1863.
Ullmann, Völkerrecht, Tübingen 1908.
Vattel, Droit des gens, 1758.
Vildman, Institutes of international law, London 1850.
Voltaire, Siècle de Louis XIV, Histoire de Charles XII.
Robert Ward, An enquiry into foundation and historie of the law of nations, London 1795.
Wheaten, Elements of international law, 1874.
Ch. L. B. de Wolff, Jus Gentium, Halle, Magdeburg MDCCXLIX.
A. Zorn, Grundzüge des Völkerrechts, 2. Aufl., Leipzig 1903.

Folgende Zeitschriften wurden in üblicher Weise nach Band und Seitenzahl zitiert:

Archiv für öffentliches Recht, begründet von Laband und Stoerk.
Zeitschrift für internationales Recht, begründet von Böhm, herausgegeben von Niemeyer.
Zeitschrift für Völkerrecht, herausgegeben von Kolb.
Das Staatsarchiv. Sammlung der offiziellen Aktenstücke zur Geschichte der Gegenwart, begründet von Aegidi und Klauhold, herausgegeben von G. Roloff.
Mercure historique et politique.
Revue de droit international et de législation comparée.
Revue de droit international public.
Journal du droit international privé et de la jurisprudence comparée.
Revue politique parlamentaire.
La paix par le droit.

Vorbemerkung.

Gegenstand der vorliegenden Arbeit ist die völkerrechtliche Form der Kriegserklärung. Die Arbeit betrifft weder die innerpolitischen Voraussetzungen und Erfordernisse, oder die Form, unter denen nach den staatsrechtlichen Bestimmungen der verschiedenen Staaten der Krieg erklärt wird; noch erörtert sie die politische Notwendigkeit oder die praktische Wichtigkeit der Kriegserklärung. Da das Interesse der Abhandlung demnach ausschließlich auf die juristische Form der Kriegserklärung gerichtet ist, so war es nötig, der geschichtlichen Entwicklung dieser Form im einzelnen, wenigstens bis zum 16. Jahrhundert, nachzugehen. Allerdings ist ein allgemeineres Interesse an solchen historischen Formen nur gelegentlich aufgetaucht — nämlich anläßlich des Zaberner Falles 1913, wo es sich um die Form der Erklärung des Kriegszustandes handelte, die mit der Form der Kriegserklärung im engen geschichtlichen Zusammenhang steht (vgl. § 1 der Arbeit). Doch dient die geschichtliche Darstellung nur dem Zweck, die völkerrechtliche Form der Kriegserklärung als selbständiges Problem deutlich hervortreten zu lassen und namentlich zu zeigen, wie sich die verschiedenen Richtungen und Adressaten der Kriegserklärung — Gegner, Neutrale und die eigenen Untertanen — allmählich voneinander getrennt und zu selbständiger Bedeutung entwickelt haben.

Dic Arbeit war 1916 abgeschlossen. Auf die außerordentlich interessante Weiterentwicklung der Frage seit dem Jahre 1917 konnte nur in gelegentlichen Anmerkungen hingewiesen werden.

§ 1.

Das 16. Jahrhundert.

Die Äußerungen der Autoren des 16. Jahrhunderts sind von dem Gedanken beherrscht, daß eine förmliche Kriegserklärung rechtlich notwendig sei. So entspricht nach Conrad Braun (1491—1563)[1] die Kriegserklärung der zivilrechtlichen Aufforderung, vor Gericht zu erscheinen. „Etenim, ut conflictus sine citatione non consistit sic bella quae non precedit diffidatio, ex insidiis potius quam jure intentata videtur". Auch Belli (1502—1557) verlangt eine förmliche Kriegserklärung und, damit sie keine leere Formalität sei, auch eine bestimmte Frist zwischen ihr und dem Beginn der Feindseligkeiten.[2] Der Spanier Ayala (1548—1584)[3] und Parys du Puy[4] berufen sich auf das römische Recht und leiten daraus die Notwendigkeit der Kriegserklärung ab. Albericus Gentilis[5] endlich erklärt die Kriegserklärung für eine von der Gerechtigkeit geforderte Institution, nach der jeder Angreifer die Pflicht hat, dem Gegner seine feindlichen Absichten bekannt zu geben; infolgedessen ist die Kriegserklärung für ihn kein vereinzelt vorkommendes Phänomen, das sich bei diesem oder jenem Volke findet, sondern eine durch göttliches Recht allen Staaten auferlegte allgemeine Regel. Überhaupt ist nur der Krieg gerechtfertigt, der vorher angesagt wurde. „Nullum bellum justum, nisi nunciatum nisi in-

---

[1]) Conradi Bruni, de legationibus (1548) Bd. III Kap. VIII „De officio legatorum bellicorum" S. 113.

[2]) De re militari et de bello tractatus, Pars II Tit. VIII „Postquam decretum est suum bello prosequi, non est movendum priusquam denunciandum".

[3]) Balthazaris Ayalae exercitus de jure et officiis bellicis Lib. I. Cap. I. „De ratione belli indicendi, aliisque caeremoniis bellicis, quae antique jure feciali proditae fuerunt" § 4. S. 299—313.

[4]) Tractatus elegans et copiosus de re militari Lib. XVI.

[5]) De jure belli Lib. II Cap. II. De bello indicendo. S. 209.

dictum ut scripsit Cicero“ (De officiis Lib. I. Cap. XI.). Wie Belli verlangt er außerdem, daß zwischen der Ankündigung und dem Beginn der Feindseligkeiten eine Frist liegen muß, deren Dauer er auf 33 Tage bestimmt (diebus tribus et triginta peracti, bellum postremo indici).

Mit dieser Auffassung der Gelehrten steht die Praxis des 16. Jahrhunderts insofern im Einklang, als die meisten Kriege mit einer förmlichen Kriegserklärung begannen. Über den Ursprung der mittelalterlichen Kriegserklärung, namentlich ihrer feierlichen Förmlichkeiten, sind die Meinungen geteilt. Einige Autoren führen sie auf das römische Fetialrecht zurück, andere behaupten, sie sei durch das Rittertum entstanden. Die erste Ansicht wird vertreten von Pradier-Fodéré,[6]) Trawers Twiss,[7]) Nys.[8]) Twiss gibt dabei der Vermutung Ausdruck, daß die förmliche Kriegserklärung auf Gebräuche germanischer Stämme zurückgeführt werden könne, und beruft sich (S. 58 Anm. 19) auf Turpinus, In Carolo Magno Caput 17 und auf du Cange (vox Diffidare); gesetzlichen Charakter soll sie allerdings erst im Mittelalter erhalten haben und zwar unter Barbarossa, der auf dem Landfrieden von Nürnberg 1187 bestimmte, daß Feindseligkeiten mit dreitägiger Frist angekündigt werden müssen. Derselbe Grundsatz findet sich in der goldenen Bulle, 1356 (Caput XVIII De diffidationibus) wieder. Michelet[9]) scheint ebenfalls der Ansicht von Twiss zuzuneigen, denn er berichtet, daß es während des ganzen Mittelalters in Transylvanien und den benachbarten Ländern Sitte war, dem Gegner als Kriegserklärung ein blutiges Schwert entgegenzuhalten, wobei er hinzufügt, dies sei wohl eine Reminiszenz an die hasta sanguinea, die der pater patratus in das feindliche Gebiet schleudert.

---

[6]) Traité de droit international Paris 1894 VI. § 2671.

[7]) The Law of nations Oxford und London 1863 Chap. II. § 31.

[8]) Le droit de la guerre Brüssel 1882 Chap. II. sect. VI. p. 109 und Origines du droit international Chap. X. p. 179. Brüssel 1894.

[9]) Origines du droit français Paris 1847 S. 288.

Im Gegensatz zu dieser Auffassung dürfte die von Calvo,[10]) Pillet[11]) und Ward[12]) vertretene Meinung richtig sein, wonach die förmliche Kriegserklärung aus dem Geist des ritterlichen Mittelalters erwachsen ist und eine „magnanimity of Chivalry“ bedeutet. Das Mittelalter betrachtete nämlich den Kampf, dessen Ende sich ja nicht voraussehen ließ, als Gottesgericht; nur wer im Recht war, behielt die Oberhand. Daher hätte es keinen Zweck gehabt, seinen Gegner zu überfallen. Auch äußerlich sollte deshalb die Sache einen gerechten Anschein haben, indem sie in aller Öffentlichkeit und Feierlichkeit angekündigt wurde. Dabei sind die äußeren Förmlichkeiten, die Bruyas[13]) an zahlreichen Dokumenten nachweist, mit vielen ähnlichen Formalitäten des Rittertums von den Arabern übernommen. Von ihnen stammt die Sitte, den Gegner durch Kartellträger zum Zweikampf aufzufordern, eine Sitte, die im Laufe der Zeit auch bei Privatkriegen üblich wurde und zuletzt auf den internationalen Kampf überging.[14]) Kartellträger waren ursprünglich je ein Geistlicher und oft ein beliebiger Ritter,[15]) welche die schriftlich abgefaßte Herausforderung — litterae diffidationis genannt — einfach zu überreichen hatten. Als Beispiele von litterae diffidationis, die mit dem Siegel des auftraggebenden Herrschers versehen sein mußten, seien folgende hier wiedergegeben:

Die epistola diffidationis Adolphi, Regis Romanorum ad Philippum Pulchrum, Nuremberg a. II. Cal. Sept. 1294[16])

[10]) Le droit international Paris 1888, Bd. II Sect. I.

[11]) Le droit de la guerre Paris 1892 Bd. I, 3 conférence.

[12]) An enquiry into the foundation and history of the law of nations London 1795 Bd. II.

[13]) De la déclaration de guerre Lyon 1899 S. 33—37.

[14]) Durch die Zulässigkeit der Privatkriege und durch das genaue Übereinstimmen der äußern Förmlichkeiten bei solchen Handlungen ist es in einzelnen Fällen oft schwer zu sagen ob es sich um einen Zweikampf (Kampf zwischen den beiden Gegnern und je hundert Ritter ihres Anhangs?) oder um einen Privatkrieg handelt. Vgl. Nys, Le droit international 1906 Bd. III S. 123.

[15]) Klüber a. a. O. Bd. I S. 117.

[16]) Leibnitz Codex juris gentium diplomaticus, Hannover 1693 S. 32 und Mon. Germ. Hist., Tom. IV pag. 461.

„Adolphus Dei Gratia Romanorum Rex semper Augustus, Magnifico Principi Domino Philippo Francie Regi: Quodtam per progenitores vestros, quam per vos, bona, possessiones, jura, jurisdictiones, tractusque terrarum nostri & imperii per occupationem, prout in diversis locis rerum evidentia manifestat, nequeuntes a modo absque verecundia sub dissimulationis patientia praeterire, vobis praesentibus intimamus, quod ad prosecutionem injuriarum tantarum disponimus contra vos vires nostrae potentiae exercere. Datum Nuremberg II. Calendas Septembris, Anno Domini Millesimo ducentesimo nonagesimo quarto; Regni vero nostri, anno tertio."

Responsio Regis Philippi, Paris die Mercurii ante mediam quadragesimam. 1294.

„Philippus Dei gratia Francorum Rex, Magnifico Principi Adolpho Regi Alemanniae; Nuper vestras ut prima facie apparebat, patentes recepimus litteras in haec verba. Adolphus Dei gratiâ & c. ut supra. Quare mittimus ad vos religiosos Viros, dilectos nostros Fratres Simonem de ordine Hospital. Beati Joannis Hierosolymit. De Rossemallo & de Alnetto, ac Halcherium de ordine militiae templi de Rhem is domorum Praeceptores, ad sciendum, si à vobis tales litterae processerint, quae si de vestra conscientia emanarunt, ut prima facie apparere videtur, nisi de contrario nos certificaveritis per praesentium portitores, vel alterum eorumdem; cum ex earum tenore diffidationis materia colligatur, vobis tenore praesentium intimamus, quod tanquam diffidati a vobis deinceps erga vos proponimus nos habere. Actum Parisiis, die Mercurii ante mediam quadragesimam, Anno Domini Millesimo ducentesimo nonagesimo quarto." Scellé.

Ein weiteres Beispiel findet sich bei Leibniz, §§ 152 bis 153: 4 XXIX Cartel de Deffy d'Eduard III. Roy d'Angleterre au Roy Philippe de Valois, du vingt septième Juillet 1340. Avec la Response de ce Roy du 30. de ce mois.

„De par Eduard Roy de France & d'Angleterre & Seigneur d'Irlande, Philippe de Vallois; par long temps avons poursuy par devers vours par messages & toutes autres voyes que nous sçavions raisonnables, afin que vous nous voulsissiez avoir rendu notre droit heritage de France, lequel vous nous avez long temps detenu; & à grand tort occupé. Et par ce que nous veons bien, que vous êstes en volonté de perseverer en vostre injurieuse detenue sans nous faire raison de nostre demande, sommes nous entrez en la terre de Flandres, comme Seigneur Souverain d'icelle & passez parmy les pays. Et vous signiffions, que pris avec que nous le ayde de nostre Seigneur JEsus Christ & nostre droict avec le pooir doudict pays, et avoir vos gens & alliez regardans le droict, que nous avons à l'héritage, que vous nous detenez à vostre tort, nous trouvons vers vous pour mettre bien fin soubs nostre droicturiere Callenge, si vous voulliez approcher.

§ 2. Et pour ce que sy grand pooir de gens assemblez, qui viennent de nostre part, & que bien coidons, que vous en amenerez de vostre part, ne se pourront mie longuement tenir ensemble, sans faire brief destruction au peuple, & au pays, laquelle chose chacuns bons Chrestiens doibt eschieuver & specialement Princes, & autres, qui se tiennent Gouverneurs de gens; si désirons moult, que briefs poinça se profist; et pour eschieuver mortalité des Chrestiens, ainsy comme la guerelle est apparente à vous et à nous, que la discution de nostre calenge se fesist entre nos deux corps, à laquelle chose nous vous offrons par les causes dessus dictes, comment que nous pensons bien ce grand Noblesse de vostre corps, vostre sens aussy & avisement.

§ 3. Et au cas aussy, que vous ne vorisiez celle voie, que adom fut mise nostre calenge pour affiner icelle par batailles de vous mesmes avec cent personnes des plus suffisants de vostre part & nous mesmes avec autres tant de nos gens lieges. Et ne vous ne volez l'une voie ne l'autre, que vous nous enseignez certaine journée devant la cité de Tournay pour combattre pooir contre pooir dedans ces dix jours prochains après la datte de ces lettres.

§ 4. Et nos offres dessus dictes volons par tout le monde estre congueues & que ce est nostre désir non mie par orgueil ne sourguidance, mais que par les causes dessus dictes, affin que la volonté nostre Seigneur J'Esus Christ monstrié entre nous repos peult estre de plus en plus entre Chrestiens

& par ce les pooirs des ennemis de Dieu feussent reaistez & Chretienté en sanchie. Et la voie sour ce que eslire voleis des offres dessus dictes, voulliez signiffier par le porteur de ces dictes lettres & par les vostres en luy faisant hastive deliosance. Donné dessoubs nostre grand seel à Chyn, sous les champs de la Tournay, le vingt septiesme jour de mois de Juillet l'an de grace 1340 Scellée d'un grand scau de eire verte. 4 XXX.

Rescription à cette lettre par le Roy Philippes Valois au dict Roy d'Angleterre:

„Philippes par la grace de Dieu Roy de France, à Eduard Roy d'Angleterre, nous avons veu les lettres apportées en nostre Cour envoyées à Philippes de Valois, esquelles lettres estoient aucunes requestes, & pour ce que les dictes lettres ne venoient pas à nous, les dictes requestes n'estoient pas à nous faites ainsy, comme il appert par la teneur des dictes lettres. Et autrement que vous estes entré en nostre Royaume de France en portant grand dommage à nous & à nostre Royaume, & à nostre peuple, meu de volonté sans mie de raison, non regardant ce que l'homme lige doibt garder à son droict souverain Seigneur, car vous estes entré en nostre hommage, en nous reconnaissant, si comme raison est, Roy de France, & vous avez promis obeissance telle, comme on le doibt promettre à son Seigneur lige, si comme il appert clairement par vos lettres patentes scelléés de vostre grand seel, lesquelles nous avons par devers nous, & en delvez autres tant avoir pardevers vous.

Nostre entente est, quand bon nous semblera de vous § 2.
jetter dehors de nostre Royaume à l'honneur de nous & de nostre Majesté Royale, & au Proffit de nostre peuple, & en ce faire avons nous ferme espérance en J'Esus Christ, dont tous biens nous viennent, car par vostre entreprise, qui est de volonté & non raisonnable a esté empesché le sainct voyage d'outre mer, & grande quantité de gans Chrestiens mis à mort, & le service de Dieu apeticié & saincte Eglise a esté aournéé à maint reverence.

Et de ce que advis vous est d'avoir l'ayde des Flamans § 3.
nous cuidons estre certains, que les bonnes gens & les

communes du pays se porteront par telle manière envers nostre Cousin le Comte de Flandres leur chef, que ils garderont leur honneur & leur loyauté. Et ce que ilz ont mespris jusque à ores a esté au proffiet d'eux tant seulement. Donné sur les champs à la Pierre de Sainct Andrieu de Lezaire, soubz le seel de nostre secret, en absence de nostre grand seel, le trentiesme jour de Juillet, l'an de grace 1340".[17])

Noch im 16. Jahrhundert erfolgten die meisten Kriegserklärungen auf diese Art. Doch legte man jetzt im Gegensatz zum früheren Mittelalter wegen der Wichtigkeit der zu erledigenden Mission besonderes Gewicht auf die Person der Überbringer. Jetzt mußten es Herrn von gutem Adel sein. Als Carl V. von Frankreich dem englischen Könige Eduard III. eine Kriegserklärung durch seinen Barbier überbringen ließ, wunderte sich Eduard III. mit seiner ganzen Umgebung so sehr, daß er an der Gültigkeit der Kriegserklärung zweifelte, da dergleichen durch „einen Praelaten oder unerschrockenen Baron oder Ritter" zu geschehen habe.[18]) Doch berechtigte nicht allein die Geburt zu dieser Würde im Laufe des Mittelalters. Allmählich wurde, wenn auch nicht ausschließlich, so doch vornehmlich zur Verkündung der Kriegserklärung ein ganzer Stab von Beamten gebildet, die man allgemein unter dem Namen „Herolde" zusammenfaßt.[19]) Im folgenden ist die ganze Organisation der Herolde

[17]) Siehe auch a. a. O. S. 266/269 CXIV Lettre de Defy de Loys de Valois Duc d'Orleans envoyée à Henry Roy d'Angleterre pour combattre ensemble chacun avec cent Chevaliers, à Coucy, 7. Aoust, 1402 avec la réponse du Roy, Londres 5. Decemb. 1402. Un traité fait auparavant entre eux, y est inséré; sowie S. 269 CXV; Replique du duc d'Orleans à la Reponse du Roy d'Angleterre, ou il rend raison de son defi; accusant le Roy Henry d'avoir fait mourir le Roi Richard & d'avoir depouillé la Reine sa veuve, niece du dit Duc, fille de France, 26. März 1402. Endlich S. 348 CXXXVIII Diffidatio seu belli denuntiatio ab Amadaeo Duci Sabandiae facta Philippo Mariae Duci Mediolani, 21. Aug. 1427 und S. 349 CXXXIX Responsio Ducis Mediolani 4. Septemb. 1427.

[18]) Froissart, Chroniques Bd. I 2. Teil Kap. 262.

[19]) Über den Ursprung der Herolde siehe insb. Marc Vulson, Seigneur de la Colombière Paris 1645: „De l'office des roys d'armes, des hérauds et des poursuivants in Leber, Collection de pièces relatives à l'histoire de France Bd. 13 S. 379ff. 1838. Aeneas Silvius, der

sowie der innerhalb des Rahmens dieser Arbeit entfallende Teil ihrer Tätigkeit kurz zu erwähnen.

An ihrer Spitze standen Waffenkönige. Der Name „Waffenkönig", d. h. die Art dieser Bezeichnung dürfte darauf hinweisen, daß die ganze Heroldsorganisation sehr wahrscheinlich in Frankreich entstanden und erst von dort in anderen Ländern übernommen wurde.[20]) Hier führten näm-

nachmalige Papst Pius II., nimmt in seinen Episteln einen viel früheren Ursprung der Herolde an, indem er dort berichtet, Bacchus habe zuerst Herolde eingesetzt und zwar gelegentlich des Krieges, den er gegen die Indier führte und sie veterani milites — auf altdeutsch Herald — genannt. Sie sollten nach ihrem Gutdünken überall frei und ungehindert hingehen können und es war ihnen darüber hinaus freies und sicheres Geleit zu gewähren; diejenigen, welche ihnen ein Leid antaten, sollten mit dem Tode bestraft werden. Unter sich sollten sie einen König haben, dem ihr Unterhalt und die Beachtung ihrer Privilegien oblag. Nach seinem Tode sollten sie einen andern wählen und zwar den weisesten und tugendhaftesten unter ihnen. Aeneas Sylvius nennt als ersten Waffenkönig Spartembas, auch den Heracles u. a. m. Letzterer soll sogar die Befugnisse der Herolde um ein Beträchtliches erweitert haben.

Der Seigneur de la Colombière knüpft in seinem oben genannten Werke an diese Ausführungen an und behauptet weiter: „A l'exemple et imitation de Bacchus, tous les rois princes souverains établirent des Rois et des herauds d'armes..." und führt als Beleg hierfür Zitate Homers, Plutarchs, Virgils, Ovids und Ulpians an. Im römischen Fetialrecht sieht er gleichfalls schon die ganze Heroldsorganisation.

Es scheint aber, als ob es Aeneas Sylvius und De la Colombière ebenso gegangen ist, wie den Malern ihrer Zeit, welche Darsteller und Repräsentanten einer vergangenen Epoche in den Kleidern der Gegenwart malten und sie auch ihre damaligen Moden und Manieren annehmen ließen. Darin haben beide Recht, daß bereits vor unvordenklichen Zeiten die Kriege erklärt zu werden pflegten und daß in den verschiedenen Ländern die verschiedensten ein für allemal festgesetzten Formalitäten üblich waren, doch berechtigt dieser Umstand nicht dazu, die Personen, denen im Laufe der Jahre diese Pflicht oblag, gerade mit den Herolden zu identifizieren, welche dies im Mittelalter als ein ihnen anvertrautes Amt verrichteten.

[20]) Im folgenden werden vornehmlich und fast ausschließlich Institutionen und Beispiele aus der französischen und englischen Geschichte angeführt, weil sich das Ritterwesen, von dem die Heroldsorganisation einen Teil bildet, hauptsächlich in diesen beiden Ländern zur höchsten Vervollkommnung und Blüte entwickelte. Vgl. in Klübers

lich die Häupter der königlichen Hofhaltung den Titel „Roi“ wie aus den Bezeichnungen wie Roi des merciers, des barbiers, des ribauds u. a. m. zu entnehmen ist.

Die ersten Waffenkönige sollen zu Chlodwigs Zeiten aufgekommen sein. Einen Anhalt dafür finden einige Schriftsteller darin, daß der erste Waffenkönig der Krone Frankreichs in der Folgezeit stets den Schlachtruf Chlodwigs nach seiner Bekehrung zum Christentum nämlich „Montjoie Saint-Denis“ als Namen führten. Andere Autoren, die sich mit den historisch überlieferten Tatsachen begnügen, stellen diese Behauptung in Abrede und sind der Ansicht, daß das Amt der Waffenkönige erst durch König Robert von Frankreich geschaffen wurde, der im Jahre 1031 den Ritter Robert Dauphin zum Waffenkönig machte und dabei die Bestimmung traf, daß alle dessen Nachfolger den Titel eines Waffenkönigs zu führen hätten. Abgesehen von diesem Titel hatte jeder noch einen besonderen Namen, der wie der Titel gleichfalls auf alle seine Nachmänner überging. Derjenige des ersten Waffenkönigs von Frankreich wurde bereits erwähnt. Die übrigen Waffenkönige Frankreichs entlehnten ihre Namen von einigen Ritterorden in denen sie aufgenommen waren. So gab Ludwig XI. dem einen den Namen Mont-Saint-Michel und Heinrich III. nannte einen andern nach dem von ihm gegründeten Orden vom heiligen Geiste Saint Esprit. Der Herzog von Orléans taufte den seinen Porc-Epic, der von Anjou Croissant, während der Waffenkönig des Herzogs der

---

Ritterwesen Bd. I S. XXIII ff.: „Der französischen und englischen Ritterschaft gebührt die Bezeichnung einer agirenden Partei im eigentlichen Rittersystem, während die deutsche, spanische und portugiesische mehr den Rang einer teilnehmenden einnehmen.“ S. XLI ff. heißt es weiter: „Frankreich scheint der Mittelpunkt gewesen zu sein, um welchen sich die ganze Maschine dreht. Je entfernter davon, desto mehr Trägheit, desto weniger Tätigkeit und Gemeingeist bemerkt man durchgehends. Der Eifer für die Erhaltung und Beförderung der Ritterverfassung schien mit dem Himmelsstrich zu erkalten. Je größer der Verkehr war, welchen Ausländer mit den Franzosen hatten, desto mehr sind Nachahmung und Streben nach Vervollkommnung und Ausbildung bei ihnen sichtbar. Diese steigen und sinken augenscheinlich, sobald sie mehr oder weniger mit Frankreich in Verbindung standen.“

Bretagne Hermine hieß. Der Herzog der Bourgogne nannte den seinen Toison d'Or.

In England gab es drei Waffenkönige, von denen der eine den Namen Jarretiere nach dem Hosenbandorden erhielt,[21]) der andere Clarence und der dritte Norroy hieß. Jeder von ihnen war nur für bestimmte ihm zugeteilte Provinzen zuständig. Der Waffenkönig Schottlands hieß Lion, der eine des deutschen Kaisers Archeroy. Die souveränen deutschen Fürsten hatten, wie die französischen, ebenfalls ihre Waffenkönige.

Die Namen der Waffenkönige Frankreichs wurden in den lettres d'ordonnance et de fondation vermerkt, welche in der Kirche Petit-Saint-Antoine in Paris aufbewahrt wurden, wo auch alle übrigen Archive und wichtigen Papiere der Waffenoffiziere sich befanden. Diese Kirche bildete auch ihren regelmäßigen Versammlungsort, in dem sie über die sie betreffenden Angelegenheiten beratschlagten.

Nach den Bestimmungen Philipps II. von Frankreich konnte dort niemand die Würde eines Waffenkönigs erlangen, ohne vorher zum Ritter geschlagen worden zu sein.

Als besondere Insignien, die bei allen Amtshandlungen angelegt werden mußten, trugen die Waffenkönige das „camahieu“ d. i. das reich gezierte königliche (event. fürstliche) Wappen ihres Herrn. Dieses wurde später durch ein großes goldenes Medaillon mit dem königlichen Bildnis, welches durch drei kleine goldene Ringe an eine vier Finger breite teils aus Gold und teils aus violetter Seide bestehende Kette befestigt war. Dieses Insigne nannte man „l'Ordre des Hérauts“. Ein weiteres Stück ihrer Ausstattung bildete das mit violettem Samt überzogene Zepter, auf dem goldene Lilien gestickt waren und das oben eine gekrönte massiv goldene Lilie als Spitze hatte. (Über die übrige Kleidung der Waffenkönige siehe bei de la Colombière a. a. O. S. 398 ff., 407 ff., 409. Allgemeines darüber bei Klüber a. a. O.

[21]) Vgl. Archives du Ministère des Affaires Etrangères 1736 à 1751, Mémoires et Documents Bd. 22—25 p. 29. Note de février 1740 sur les rois d'armes d'Angleterre, d'Ecosse et d'Irlande, pièce 25. und Travers—Tviss Bd. II S. 57.

Bd. I S. 28 Anm.) Der Seigneur de la Colombière beschreibt in seinem Werke ebenfalls den Vorgang der Wahl im Messire Mont-Joie-Saint-Denis (S. 401 ff.), ebenso die Zeremonien, welche bei seiner Krönung üblich waren und speziell den besonderen Eid, den er zu leisten hatte (S. 432—445).

Jeder Waffenkönig hatte eine bestimmte Anzahl von Herolden unter sich, aus denen er selbst durch Wahl hervorgegangen war.[22]) Auch diese hatten, wie ihre Könige, ein für allemal fest bestimmte Namen, die in Frankreich mit den Namen der Provinzen gleichlauteten wie Bourgogne, Dauphiné, Alençon usw. Früher, als die betreffenden Provinzen, deren Namen sie trugen, noch selbständig waren, kam ihnen der Titel eines roi d'armes der betreffenden Provinzen zu. Es war auch üblich, sie nach bestimmten Ritterorden zu benennen. In England waren folgende sechs Heroldsnamen gebräuchlich: Sommerset, Chester, Windsor, Richemont, Lancaster und Jork, also auch Provinznamen. Der schottische Waffenkönig hatte vier Herolde unter sich namens Albunio, Rothsay, Bukan und Lenox.

Die Amtstracht der Waffenherolde war die gleiche wie die der Waffenkönige. Doch trugen sie das „camahieu" direkt an der goldseidenen Kette befestigt. Statt des Zepters trugen sie den Heroldstab, den man „caducée" nannte, da an seiner Spitze keine gekrönte goldene Lilie angebracht war. In Deutschland war die caducée aus Silber. Auch die übrige Kleidung der Herolde war weniger prächtig als die der Waffenkönige, stimmte aber hinsichtlich der violetten Farbe, die auch hier überwiegend vorkam, mit dieser überein.[23])

Man wurde nicht ohne weiteres Herold, sondern erst nachdem man sieben Jahre lang zuvor „poursuivant d'armes" gewesen war. Auch die Poursuivant d'Armes, oder wie Klüber sie nennt, die Waffenpersevanten hatten ihrerseits besondere Namen, die in manchen Ländern oft gar artig lauteten wie

---

[22]) Die jedoch noch der Bestätigung durch den König bedurfte. Vgl. De la Colombière a. a. O. S. 401.

[23]) Das Nähere siehe bei E. Pasquier, Les Recherches de la France, Paris 1596 Bd. VII Kap. 44 und Marc Vulson de la Colombière a. a. O. S. 398, 407 und 409ff.

etwa „Joli-Coeur“, Haut-le-Pied, Gaillardet, Beau-Semblant und Bonne Aventure in Frankreich. Namen englischer Persevanten waren „Rotes Kreuz, Roter Drache, Blauer Mantel“ u. a. m. Sie trugen kein besonderes Amtszeichen, also weder ein camahieu noch ein Zepter oder caducée. Über ihre übrige Kleidung, die durch ihre Einfachheit von den vorhergehenden abstach, siehe bei de la Colombière a. a. O. S. 410ff.

Außer diesen Waffenoffizieren kamen noch andere Leute, aber in untergeordneten Stellungen vor, die „huissiers“ und „sergens d'armes“.[24])

Jeder Roi d'armes hatte zwei Herolde unter sich und jeder Herold einen Waffenpersevanten.[25])

Nachdem die Hierarchie der Waffenoffiziere kurz skizziert worden, soll im folgenden nur von ihrer Tätigkeit bei der Kriegserklärung die Rede sein.[26]) Ihre Mitwirkung gerade bei Vornahme dieser Handlung ist vor den andern ihnen gleichfalls übertragenen Obliegenheiten die vornehmste und prägnanteste: der erste Waffenkönig der Krone des in bezug auf die Organisation der Herolde vorbildlichen Frankreich erhielt seinen Namen von dem Kampfgeschrei, das vor Beginn der Feindseligkeiten ausgestoßen wird und gleichfalls wie die Kriegserklärung dem Gegner das beabsichtigte Vorhaben mitteilt.

Waffenkönige, aber auch Herolde waren die Überbringer der Kriegserklärung. Dabei kam es im späteren Mittelalter im Gegensatze zu früher immer öfter vor, daß sie die Kriegserklärung selber im Namen ihres Auftraggebers mit einer bestimmten solennen Formel (Dieu ayde le noble Roy et confonde ses ennemis) aussprachen. Mit anderen Worten: sie waren nicht mehr Boten wie die Überbringer der litterae diffidationis, sondern beauftragte Stellvertreter von Königen oder souveränen Fürsten, was auch die jetzt vorgenommene

---

[24]) De la Colombière a. a. O. S. 388.

[25]) N. J. Guyot, Traité des offices, Paris 1786, Bd. I.

[26]) Die Aufzählung ihrer übrigen Obliegenheiten findet man bei dem Pater Menestrier, De la Chevalerie Ancienne et Moderne, Paris 1683 Kap. V, bei Klüber a. a. O. Bd. I S. 25, 47, 49, 54ff., 66, 72, 132 und bei De la Colombière a. a. O. S. 410—431.

strengere Auswahl ihrer Person erklärt. Doch entsprachen sie nicht etwa den heutigen Gesandten, da sich ihre Vollmacht bei dem abgesandten Herrscher einzig und allein auf die Kriegserklärung beschränkte.

Um ihre Mission ohne Gefahr für Leib und Leben erfüllen zu können, waren die Herolde sakrosankt und verrichteten ihre Aufgabe unter dem Schutze des Völkerrechts.[27]) Doch galt dies nicht unbedingt. In ihrem Auftreten mußten sich Waffenkönige wie Herolde streng an gewisse allgemeine Formalitäten halten, um dieser Sicherheit teilhaftig zu werden. So hatten sie die größten Rücksichten gegenüber den Fürsten, zu denen sie entsandt und deren Untertanen gegenüber zu beobachten. Verstießen sie auch nur in Kleinigkeiten gegen diese nicht allein bei Gelegenheit einer Kriegserklärung geltenden allgemeinen Regel, so verwirkten sie dadurch das ihnen kraft ihres Amtes durch das Völkerrecht verliehene Vorrecht der persönlichen Unantastbarkeit. Weil dieser Fall auch leicht gegen ihr Wissen und Willen eintreten konnte, ließen sie sich trotz ihres Privilegs auch noch persönliche Geleitbriefe für diese Eventualität ausstellen, die ihnen unter den darin enthaltenen Bedingungen ihre Immunität bei der Ausführung ihres Auftrages gewährleisteten.[28]) Es wäre also falsch gewesen anzunehmen, daß ein Herold einem Fürsten gegenüber, dem sein Herr den Krieg erklären ließ, zu keinerlei Achtung und Ehrerbietung sowohl bei wie auch nach diesem Akt verpflichtet gewesen wäre, im Gegenteil mußte er mit Rücksicht auf sein Amt die im freundschaftlichen Verkehr üblichen Formen noch besonders wahren. Ein Herold hatte also dem Fürsten mit der diesem gebührenden Hochachtung und Vorsicht zu begegnen, sich nichts herauszunehmen, was ihm nicht in seinem Geleitbrief zugestanden war, sowie überhaupt in seinem ganzen Auftreten jedermann gegenüber jederzeit und überall bescheiden, zuvorkommend und dienstfertig zu erscheinen.

---

[27]) Pasquier a. a. O. Bd. VI Kap. 44.

[28]) Für uns ist es interessant festzustellen, daß damals von der genauen Beobachtung der Form der Kriegserklärung nicht allein die Gültigkeit dieser Handlung abhing, sondern daß damit noch persönliche Wirkungen und Folgen für deren Überbringer vorhanden waren.

Auch mußte der Herold sich speziell bei der Vornahme der Kriegserklärung an die eigens hierfür vorgesehenen althergebrachten Formalitäten halten, die kurz folgende waren: Zunächst einmal mußte er dem fremden Herrscher seine Ankunft anmelden und bei ihm anfragen, an welchem Tage, zu welcher Stunde und an welchem Orte er ihn zu empfangen wünsche. Nach damaliger Sitte erfolgte in der Regel ein solcher Empfang durch den König „à cour plenière, enuironnez des plus hauts barons de leurs royaumes et fleur de leur cheualerie“, die den ihnen bei wichtigen Staatsakten durch das Hofzeremoniell angewiesenen Platz um den Thron herum einnahmen.[29])

Bei der Aussprache der Kriegserklärung trugen die Herolde außer ihrer oben geschilderten Amtstracht gleichsam als Trauer über die Kunde, die sie zu überbringen hatten, das Gesicht verdeckt mit einem wollenen Gewebe und besondere Stiefel.[30])

Wollte der entsendende Fürst selber, daß man sich bei der Kriegserklärung nicht an die vorgeschriebenen Formen halte, (so wenn er befahl, seinem Gegner unumwunden Lügen vorzuwerfen), oder war er willens die Kriegserklärung in eine den Gegner reizende, schmähende oder beleidigende Form zu kleiden, so ließ er eine derartige Erklärung nicht durch Herolde, sondern stets durch Leute niedrigsten Ranges übermitteln.[31]) In solchen Fällen maskierte man die eigens zu

---

29) Als der Herold des Herzogs von Geldern den König Karl VI. unangemeldet mit der ihm aufgetragenen Kriegserklärung in Tournay überfiel, wurde er auf Befehl des Königs in Ketten geschlagen und Froissart erzählt, er wähnte des Todes zu sein „pource que tel défi estoit contre les formes et contre l'usage accoustumé, et de plus en un lieu mal conuenable, Tournay n'estant qu'une petite ville de Flandres“.

30) Vgl. De la Colombière a. a. O. S. 389 und 407.

31) Allerdings berichtet Peter Bembus in seiner Geschichte der Kriege der Republik Venedig von einem Falle, in dem der französische Staatsbote im Auftrage des Königs Ludwigs XII. von Frankreich sich in Gegenwart des Dogen und des Senats von Venedig folgender Worte bedient habe: Durchlauchtiger Lauredano, Doge von Venedig, und die übrigen Bürgen dieser Stadt, Frankreichs Koenig Ludewig hat

diesem Zwecke ausgewählte Person ähnlich wie einen Herold. An seiner Kleidung durfte keines der diesen eigentümlichen Amtszeichen noch ein vorgeschriebenes Kleidungsstück fehlen. Doch ging aus der zum Spott reizenden Art des zu seiner Ausrüstung gewählten Materials wie aus der lächerlichen Art und Weise, wie der Betreffende damit ausstaffiert war, die beleidigende Absicht des entsendenden Fürsten für jedermann hervor, der noch durch das Benehmen dieser Heroldskarikatur im unklaren war.[32])

Hier sei zum Schlusse noch erwähnt, daß man an unbotmäßige Große, die sich wider ihre Herrscher erhoben, Herolde und Waffenkönige schickte, um sie wieder zum Gehorsam zurückzurufen, widrigenfalls ihnen ein verschärfter Krieg, nämlich der mit Feuer und Schwert angekündigt wurde. Als Symbol trug bei solchen Gelegenheiten der Herold ein blutiges Schwert in der einen Hand, während die andere eine brennende Fackel umfaßte; gleichzeitig mit der Kriegserklärung erklärte er den Gegner durch Ausspruch einer bestimmten Formel in die Reichsacht.

Die Herolde hatten die strenge Weisung, ein wortgetreues Protokoll über die von ihnen vorgenommene Kriegserklärung und der ihnen zuteil gewordenen Entgegnung aufzunehmen, wie überhaupt über alle Handlungen, deren Ausführung man ihnen auftrug.

Alle Herrscher in Europa verwendeten solche rois d'armes resp. Herolde zur Übermittlung ihrer Kriegserklärung, die damals so unumgänglich schien, daß sie selbst den Ungläu-

---

mir anbefollen, Ihnen den Krieg anzukündigen als Leuten die wider alle Treue gehandelt, die durch Gewalt und Unrecht eroberte Städte des Pabstes oder der übrigen Koenige besitzen, und die sich äußerst bemühen, durch Hinterlist alles, was andere nur besitzen, unter ihre Gewalt zu bringen und an sich zu reißen: Der Koenig mein Herr wird selbst kommen und mit gewaffneter Hand Ihnen das wiederholen, was ich jetzt gesagt habe.

[32]) Doch soll unter Ludwig XI. von Frankreich sich solch ein armer Teufel seines an sich so undankbaren Auftrags mit solchem Geschick zu entledigen gewußt haben, daß er einen Frieden zwischen den beiden Parteien stiftete, statt sie durch die Kriegserklärung auf lange zu verfeinden, was ihm viel Ehre und, was für ihn wichtiger war, einen großen Gewinn einbrachte.

bigen gegenüber beobachtet wurde.[33]) Auch den Türken war diese Übung bekannt,[33a]) wie eine Kriegserklärung beweist „faite, escritte et envoyée au roy de Pologne par le Grand Seigneur ou empereur des Turcs, Mahomet III", in der es heißt: „Puis donc que tu a entrepris, sans toute fois avoir occasion à surprendre et à courir sus à nostre Empire et Seigneurie, subjets et vassaux, ce que tu as délibéré, les extirsper et exterminer comme aussi plusieurs places sont gastées, ruinées, anvahies et destruites ... tu expérimenteras bientôt nostre grande force".[34])

Die Abweichungen, die sich in den verschiedenen Ländern von der Form der Kriegserklärung finden, sind im allgemeinen unwesentlich. In England spielte sich z. B. im 16. Jahrhundert eine Kriegserklärung folgendermaßen ab: 1557 schickte die Queen Marry einen Herold unter dem Titel: „Clarentieux" zum französischen König nach Reims, um für den 7. Juni den Krieg zu erklären. An demselben Tage wurden in einem bestimmten Stadtteil Londons durch „Carter" und „Norroie King-of-arms" begleitet von anderen Herolden, außerdem noch vom „lord maire" und andern „oldermen" von London „by sound of three trumpets" bekanntgegeben, daß der Krieg gegen Heinrich II. von Frankreich erklärt werde.[35]) Die Herolde hatten also in England die doppelte Aufgabe den Gegner zu benachrichtigen und auch den eigenen Untertanen mitzuteilen, daß der Friede aufgehört habe und man sich mit diesem oder jenem Lande im Kriegszustand befinde. Auch von Frankreich wird in einem Falle ähnliches berichtet: Franz I. ließ, während er noch in Ligny weilte, einen „cri

---

[33]) Maurel, De la déclaration de guerre Toulouse 1907 S. 31: En 1428, lors de la cinquième croisade, dès l'arrivée de saint Louis en Chypre, il se tint un Conseil de guerre qui résolut de porter la guerre en Egypte. Les lois de l'honneur, de la chevalerie et de la religion ne permettant pas d'attaquer un ennemi sans une déclaration préliminaire, le monarque envoya défier le sultan qui régnait en ce pays.

[33a]) Vgl. aber S. 32 d. Arbeit.

[34]) Archiv du ministère des affaires étrangères, fonds Turquie 1520—1621, Mémoires et Document, II. p. 75 pièce 17.

[35]) Hollinshed, Chronicle, Vol. IV p. 87.

de guerre“ gegen Karl V. unter dem Klange der Trompete im ganzen Reich verkünden.[36])

[36]) Ernest Lavisse, Histoire de France, Paris 1900, Bd. VII S. 57.

Die Sitte, den Krieg im Inland durch Herolde verkünden zu lassen, scheint sich, wie an folgenden Beispielen ersichtlich, noch lange erhalten zu haben: „Den 18ten May 1756 geschah die Großbritannische Kriegserklärung gegen Frankreich zu Mittage an den 6. vornehmsten Plätzen der Stadt London unter dem Zulauf einer unbeschreiblichen Menge Menschen. Der Koenigliche Befehl an die Herolde und Wappen-Marschalle lautete also: ‚George, Koenig. Unser Wille und Gefallen ist, daß ihr der Proklamation Unserer Kriegserklärung wider Frankreich, welche morgen, als Dienstag den 18ten dieses, zwischen 9 und 12 Uhr des Morgens an den gewöhnlichen Plätzen und mit allen, bey einer solchen Gelegenheit gebräuchlichen Feyerlichkeiten vor sich gehen soll, beywohnt, und dieselbe begleitet; und damit ihr dieses thun möget, soll dises eure Vollmacht seyn. Gegeben an Unserm Hofe zu Kensington den 17ten des May Monats 1756 in dem 29sten Jahre Unserer Regierung. Auf Sr. Majestät Befehl. H. Fox.‘

So bald am folgenden Tage die bestimmte Zeit erschienen, stiegen die koenigl. Wappen-Beamte, nebst den Wappenträgern und Trompetern in dem Stallhofe zu St. James zu Pferde, und nachdem sie sich von da vor das Thor des Palastes verfugt hatten, verlas der erste koenigl. Herold die koenigl. Kriegserklärung, und der zweyte Herold in der Ordnung verkündigte dieselbe mit lauter Stimme. Nachdem dieses geschehen war, so ging die Procession auf folgende Weise vor sich: Zuerst kam ein Corps von der Grenadier-Garde zu Pferde, um den Weg zu bahnen. Ihm folgten die Stadtknechte paarweise. Hierauf gingen die Constables oder Quartiermeister von Westmünster. Ihnen folgte der Groß-Constable von Westmünster mit seinem Stabe. Alsdann die Bedienten des Kriegsmarschalls, und der Kriegs-Marschall selbst; die Tambours; der Regiments-Tambour; die Trompeter; der Trompeter-Officier in seinem Kragen, welcher seinen Spondon trug; der Wappen-Marschall des rothen Drachens; die Wappen-Marschälle des rothen Creutzes und des verschlossenen Thors; der zweite Herold zwischen zween Wappenträgern; und den Schluß dieses Aufzuges machte ein Corps von der Garde zu Pferde, welches der Obrist-Lieutenant West kommandierte.

Zu Charing-Cross verlas der zweyte Herold die Kriegs-Erklärung, und der dritte Herold verkündete dieselbe mit heller Stimme. Von dar ward die Procession nach Tempel-Bar fortgesetzt, woselbst sich die Beamten der Stadt Westmünster wiederum zurückbegaben; und da das Thor verschlossen worden, so klopfte der Marschall des rothen Drachen, welcher von 2. Trompetern gefuhret ward, an das Thor, wo er, nachdem man ihn gefragt hatte, wer er sey? antwortete:

Weitere Beispiele für die Kriegserklärung durch Herolde finden sich in den Kriegen zwischen Karl V. und Franz I. So schickte Franz I. 1527 den Waffenherold Guyenne zu Karl V., der sich damals in Bourgos in Kastilien aufhielt. Der Kaiser versammelte eine möglichst große Schar von Prinzen und Edelleuten und empfing sie in ihrer Mitte. Der Herold, der seinen Waffenrock (cotte d'arme) unter dem linken Arm trug, verlangte nach einer tiefen Verbeugung zunächst freies Geleit, um sich ungehindert seines Auftrages entledigen zu können. Erst als ihm dies gewährt war, verlas er im Namen seines Königs die Kriegserklärung, die folgendermaßen lautete: „Savoir faisons, que nous avons déclaré ledit empereur, ses adhérants et tenant son parti, ensemble les sujets, les pays patrimoniaux, ennemis de nous et de nos royaumes, seigneuries et sujets, et en ce faisant, permettons et donnons congé à tous nos gens d'user d'armes contre les dessus-dits, en guerre par mer et par terre.“ [37]) Darauf zog

Die koenigl. Wappen-Beamte, welche verlangen, eingelassen zu werden, um die Proclamation der Kriegs-Erklärung Sr. Majestät wider den Koenig von Frankreich öffentlich zu verkündigen. Hierauf wurden die Thore geöffnet, und der Stadt-Marschall führte ihn zum Lord-Maire, welcher nebst den Rathmännern, dem Stadt-Secretär und den Stadt-Richtern innerhalb dem Thore auf ihn gewartet hatte. Nachdem er ihm des Koenigs Vollmacht vorgezeiget, begab er sich wieder zurück. Die Thore wurden geöffnet, und die Procession ging vorwärts. Am Ende von Chancery-Lane verlas der 3te Herold die Kriegs-Erklärung, und der vierte Herold verkündigte dieselbe mit heller Stimme. Hierauf gingen sie weiter und die Stadt-Procession folgte der Garde zu Pferde. An dem Ende von Wood-Street verlaß der vierte Herold die Kriegs-Erklärung, und der Wappen-Marschall des verschlossenen Thors verkundigte dieselbe mit heller Stimme. Endlich verlas der Wappen-Marschall des verschlossenen Thors auf der koenigl. Börse die Kriegserklärung, und der Wappen-Marschall des rothen Creutzes verkündigte dieselbe mit heller Stimme. Die Zuschauer eines jeglichen Platzes gaben ihre Zufriedenheit und ihren Beyfall durch ein lautes Freuden-Geschrey zu erkennen.“ So in Mosers Beytr. Bd. I S. 389, woselbst auch die unter ähnlichem Zeremoniell am 24. Juli (4. August) 1741 in Stockholm erfolgende schwedische Kriegserklärung an Rußland und die am 1. Dezember 1740 von Spanien an England erfolgende Kriegserklärung aufgezeichnet sind.

[37]) Sie war gezeichnet mit Guyenne und datiert von Paris am 11. November 1527.

der Herold seinen Waffenrock an und verlangte eine schriftliche Antwort. Er verließ Burgos am 27. Januar, als er die Antwort erhalten hatte. Kurze Zeit nachher schickte Franz I. den Waffenkönig Dauphine zu Kaiser Karl V. „pour se battre en combat singulier avec lui et terminer ainsi cette vielle querelle qui avait déja couté tant de sang à leurs sujets“.[38]) Im Januar 1528 hatte Karl V. Gesandte Franz I. und Heinrichs VIII. von England bei ihrer Ankunft in Madrid festnehmen lassen, ohne sie über ihre Mission zu hören. Sofort ließ der französische König den kaiserlichen Gesandten an seinem Hofe ebenfalls gefangensetzen, was Karl V. veranlaßte, die französischen und englischen Gesandten freizugeben und sie anzuhören. Die Gesandten verlangten ihrem Auftrag gemäß die Freilassung des Papstes Clemens VII. und des Herzogs von Orleans gegen Entschädigung. Als sie sich mit dem Kaiser nicht einigen konnten, verkündeten drei „hérauts d'armes“, die man in Voraussicht dieser Eventualität den Gesandten mitgegeben hatte, dem Kaiser im Namen des französischen und englischen Königs den Krieg.[39]) Darauf erwiderte Karl den Herolden, sie möchten Franz I. mitteilen „qu'il avait manqué à sa parole et agi de mauvaise foi, et que quand il le voudrait, il le soutiendrait seul à seul, dans un combat singulier“. Darauf verließen die hérauts d'armes, begleitet von den Gesandten sofort Spanien und überbrachten Franz I. die Erklärung Karls V. Franz I. ließ den kaiserlichen Gesandten kommen, der sich bereits verabschiedet hatte, beschwerte sich heftig über die ihm angetane Beleidigung und überreichte ein Antwortschreiben, das der kaiserliche Gesandte lesen und seinem Herrn übermitteln sollte.[40]) Der Gesandte bat von beidem absehen zu wollen, da seine Mission erledigt und er nicht mehr zuständig sei. Der König ließ aber das Schreiben dem Kaiser durch einen

---

[38]) Marc Vulson de la Colombière, De l'office des roys d'armes, Paris 1614 S. 25. In der Collection Leber S. 410 ff. vgl. Sleidans Reformationsgeschichte S. 396, 415.

[39]) Nach Sleidan a. a. O. Bd. I S. 396 ließ nur der König von England durch seinen Herold dem Kaiser den Krieg erklären.

[40]) Mem. de Dubelbay B. 3.

Herold Dauphiné überbringen, der am 28. März 1528 Paris verließ. Der Kaiser schickte dann am 24. Juni seinerseits einen Herold, nachdem er dieses Schreiben erst am 7. Juni erhalten hatte, für den er sich freies Geleit hatte versprechen lassen, nach Paris, wo der kaiserliche Herold von Franz I. im großen Saal des Palais Royal in Paris auf seinem Throne sitzend empfangen wurde, zu dem 15 Stufen heraufführten und vor dem der Marmortisch aufgestellt war. Um ihn befanden sich der König von Navarra und eine große Anzahl von Prinzen, Herzögen, Pairs, Marschälle und andere Große seines Reiches, alle nach ihrer Abstammung oder der Würde ihres Amtes aufgestellt. Auch nahmen etliche Kardinäle, Erzbischöfe, Bischöfe und alle Gesandten auf der andern Seite des Königs an dem Empfang teil. Vor sich hatte der König alle Offiziere seiner Krone, seines Hauses, des Parlaments und des Grand Conseil, alle in der Reihenfolge, die das Cérémoniel de France vorschreibt. Jedoch der Herold wurde nicht angehört, da er die Sicherheit des Ortes (sureté de Champ), an dem der von Franz I. vorgeschlagene Zweikampf stattfinden sollte,[41]) nicht gewährleisten konnte, was in seinem Geleitbrief ausdrücklich ausbedungen worden war. Von besonderem Interesse für die deutschen Verhältnisse ist der Beginn des Schmalkaldischen Krieges.[42]) Als der Kaiser Karl V. Zurüstungen für einen Krieg traf, fragte der Kurfürst von der Pfalz (durch den Ritter Wolfen v. Affenstein) beim Kaiser an, gegen wen sich die Zurüstungen richteten; gleichzeitig bot er sich als Vermittler an. Der Kaiser antwortete mit Beschwerden über die protestantischen Fürsten. Diese rechtfertigten sich in einem langen Schreiben vom 10. Juli 1546, in dem sie sich entschuldigten und die Behauptungen des Kaisers zu widerlegen suchten. Der Kaiser hatte aber bereits am 7. Juli dem Erzbischof von Köln ein Schreiben geschickt, in dem er ihm befahl, dafür zu sorgen, daß

[41]) De la Colombière S. 410 ff.; Sleidan Bd. I S. 396, 405 ff. und die Anm. 12 ebenda von Semler; de Flassan Bd. I S. 353 ff. Der Zweikampf hat übrigens nicht stattgefunden.

[42]) Johann Sleidans Reformationsgeschichte; deutsche Ausgabe von Semler, 2. Teil, S. 671 ff.

niemand dem Kaiser den Kriegsdienst verweigere. „Über dieses will ich auch, daß sie denjenigen, die vielleicht schon anderswo Dienste genommen haben, zurückberufen und zu Hause zu bleiben, und meinen Befehl zu erwarten, auferlegen.“[43]) Am 15. Juli veröffentlichten der Kurfürst von Sachsen und der Landgraf von Württemberg „eine öffentliche Schrift“, in der sie ausführlich jede einzelne Differenz mit dem Kaiser besprachen und ihren Standpunkt rechtfertigten. Der Schluß dieses Schreibens lautet: „Bej so gestalten Sachen hoffen wir, daß jedermann unser Schicksal bedauern, Mitleiden mit uns haben und sich nicht mit unsern Feinden vereinigen werde... Da wir uns alle Mühe gegeben haben, den Krieg zu vermeiden, auch noch keines Verbrechens überführet sind, aber dennoch gezwungen werden, eine ungerechte Gewalt von uns abzuwenden; so setzen wir auch das gewisse Vertrauen auf Gott, daß er die Wahrheit wider die Lügen, und seine eigene Sache, als der höchste Feldherr und Führer wider die boshaften Anschläge des Papstes vertheidigen werde.“

Der Papst erließ am 15. Juli 1546 eine Bulle gegen die Protestanten und ordnete Gebete für den glücklichen Ausgang des Krieges an. Bereits am 16. Juli rückten die Truppen des Landgrafen aus. Der erste Angriff erfolgte durch die protestantischen Fürsten, da man päpstliche Hilfstruppen erwartete, und „es für gut befand, ihnen zuvorzukommen“. Am 20. Juli erklärte der Kaiser den Kurfürsten von Sachsen und den Landgrafen durch öffentliches Dekret in die Acht. Aber erst als die Truppen der Protestanten bereits an der Donau standen, erfolgte die Kriegserklärung und zwar am 11. August. Sie lautet in ihrem wesentlichen Teil: „Wir haben uns, großmächtigster Kaiser, in Ansehung dessen, was man uns Schuld gibt, im vorigen Monathe durch einen Brief entschuldiget; und ob es gleich die Billigkeit erfordert hätte, daß Ew. Majestät entweder die Zurüstung zum Kriege unterlassen, oder wenigstens die Ursache zum Kriege bekannt gemacht hätten, und als denn, wenn wir gehöret worden, nach dem

---

[43]) Sleidan a. a. O. S. 677. Der Brief ist ein Beispiel für ein auxiliatorium; vgl. unten S. 136 Anm. 32 der Arbeit.

Reichsherkommen und nach dem uns gegebenen und eidlich versicherten Versprechen mit uns verfahren wären, so sind wir doch, da Ew. Majestät fortfuhren, sich zu rüsten, genöthiget worden, zu den Waffen zu greifen ... (dann folgt eine ausführliche Darlegung des Sachverhalts und der Streitpunkte). Da dem nun also ist ... so haben wir nothwendig diese Vertheidigung unternehmen müssen, die uns das göttliche und natürliche Recht erlaubet. Und ob uns gleich dieser Ihr Entschluß von aller unserer Verbindlichkeit gegen Ew. Majestät freyspricht, und es aus eben der Ursache nicht nöthig gewesen wäre, Ihnen unsere Gesinnung bekannt zu machen, so melden wir Ihnen doch aus überflüssiger Vorsichtigkeit, daß wir uns nicht mehr zu der Pflicht und Treue, die wir Ihnen versprochen haben, für verbunden halten."

Der Brief wurde dem Kaiser „durch einen jungen Edelmann und einen Trompeter, wie es gewöhnlich ist", überbracht. — —

Wie aus den oben angeführten Beispielen ersichtlich, wurde die Kriegserklärung in der Regel beantwortet. Den Herolden lag daher nicht nur die Kriegserklärung an den auswärtigen Souverän ob, sondern sie setzten auch das eigene Volk davon in Kenntnis. Diese letzte Art der Bekanntmachung der Kriegserklärung weist bereits auf eine andere Form hin, deren Aufkommen mit der Erfindung der Buchdruckerkunst zusammenhängt: die Kriegserklärung durch Manifeste. Doch lassen sich bereits im 14. Jahrhundert solche Manifeste nachweisen.[44]) Erklärlicherweise verdrängte die neue Form der Kriegserklärung ziemlich rasch die ältere Form der Erklärung durch Herolde. 1529 veröffentlichten die Kantone Zürich und Bern ein Manifest, als ihre Truppen gegen Luzern, Uri, Schweiz, Unterwalden und Zug auszogen.[45])

In Frankreich läßt sich bereits im Jahre 1532 ein Manifest Heinrichs II. von Frankreich gegen Karl V. nachweisen.[46])

---

[44]) Maurel S. 37.

[45]) Sleidan a. a. O. Bd. I S. 426. Ebenso im Jahre 1531, als ein weiterer Krieg zwischen ihnen entbrannte; vgl. gleichfalls Sleidan a. a. O. Bd. I S. 451.

[46]) de Flassan Bd. 2 S. 33.

1534 kündigte der Landgraf von Hessen und der Herzog von Württemberg dem König Ferdinand auf dieselbe Weise den Krieg an.[47]) Im Jahre 1557 wurde der Krieg zwischen England und Frankreich durch die Veröffentlichung eines Manifestes von seiten England am 12. Juni erklärt.[48]) Ebenso leitete Spanien im Jahre 1562 seinen Krieg mit England ein.[49]) Von Interesse ist endlich auch ein Manifest Heinrichs IV. von Frankreich vom 17. Januar 1595 an Philipp II. von Spanien, in dem es heißt: „Que personne n'ignorait que le roi d'Espagne n'ayant pu subjuguer la France à force ouverte, avait voulu l'anéantir par la guerre civile qu'il avait formontée dans son sein.“ Dann heißt es weiter: „Que sa bonté (sc. du roi) et sa patience depuis cinq ans n'avaient pu faire encore cesser la mauvaise volonté de l'Espagne, qui continuait à maltraiter, à emmener même ses sujets prisonniers, et à faire attenter à la vie de sa Majesté, qui avait failli en être la victime et qu'en conséquence il lui déclarait la guerre.“[50]) Philipp II. antwortete darauf mit einem Gegenmanifest vom 7. März 1595.

Im ganzen läßt sich bereits im 16. Jahrhundert ein gewisses Abnehmen der solennen Form der Kriegserklärung bemerken. Es kommt sogar vor, daß die Kriegserklärung ganz unterbleibt. So ging der Entsendung der großen spanischen Armada 1588 keine Kriegserklärung voraus. Auch die meisten Türkenkriege des 16. Jahrhunderts begannen wie fast alle Religionskriege ohne Kriegserklärung, was sich in diesem Falle vielleicht daraus erklärt, daß es sich um Krieg gegen die Ungläubigen handelte, und umgekehrt die Türkei einen Frieden mit Christen nicht kannte, sondern nur einen beständigen Kriegszustand, der provisorisch durch Waffen-

[47]) Sleidan a. a. O. Bd. I S. 593; andere Fälle ebendaselbst Bd. II S. 393, 566; Bd. III S. 439, 573, 576; Bd. IV S. 5, 102.

[48]) Archiv d. min. d. aff. étrang. fonds Espagne 1555—58, Documents 232 p. 243. 97 2 pièce.

[49]) a. a. O. 1551—63, Documents 234 p. 259 69 pièce.

[50]) Du Mont Bd. V. In dem Antwortschreiben Philipps II. ist Heinrich IV. nur als „prince de Béarn“ tituliert, da er vom Papst noch nicht als König von Frankreich anerkannt war.

stillstände unterbrochen wurde.[51]) Die Religionskriege konnten deshalb nicht erklärt werden, weil sie in der Regel Bürgerkriege waren. Die Bauernkriege des Jahres 1525 in Deutschland brachen natürlich auch ohne vorherige Erklärung los.[52])

§ 2.

Das 17. Jahrhundert.

Hugo Grotius, dessen Lehren großen Einfluß auf die Praxis des völkerrechtlichen Verkehrs hatten, hebt in seinem Buche De jure belli ac pacis[1]) die Notwendigkeit einer förmlichen, öffentlichen und vorherigen Kriegserklärung besonders hervor. Ganz in seinem Sinne äußern sich Zouch,[2]) Pufendorf († 1694) und der Kommentator Pufendorfs, Barbeyrac. Pufendorf betont mit besonderer Schärfe die Notwendigkeit einer Kriegserklärung und bezeichnet alle kriegerischen Handlungen, die ohne eine solche vorgenommen werden, als bloße Räuberei.[3]) Nach Barbeyrac[4]) ist es eine Forderung des Naturrechts, daß man sich zuerst seinem Gegner erklärt, um ihm Gelegenheit zu geben, das Recht des Andern ohne den Zwang der Waffen anzuerkennen.

Doch fehlt es bereits im 17. Jahrhundert nicht an Äußerungen, die dahin gehen, daß eine Kriegserklärung nicht unbedingt nötig ist. Hier ist vor allem Coccejus[5]) zu nennen.

---

[51]) Vgl. Frhr. v. Dungern, Zeitschrift für Internationales Recht Bd. XXIV S. 14.

[52]) Sleidan Bd. I S. 273, 284.

[1]) Lib. II Cap. III Dé bello justo sive solemni jure gentium ubi de indictione §§ 5, 6. „Oportet ut et publice decretum sit, et quidem ita decretum est ejus in significatio ab altera partium altera facta sit.“

[2]) Juris et judice fetialis 1660.

[3]) De jure naturae et gentium, Lib. VIII Cap. VI § 9. Amsterdam 1734.

[4]) Note 4 zum Lib. VIII, Cap. VI § 9 des vorgenannten Pufendorfschen Buches.

[5]) De clarigatione 1624.

Was die Praxis des 17. Jahrhunderts angeht, so läßt sich ein deutlicher Unterschied zwischen der ersten und der zweiten Hälfte erkennen. In der ersten Hälfte wurden die Kriege durchweg förmlich erklärt und zwar gewöhnlich in Form des Manifestes, eine Übung, die wohl auf die Verbreitung der Buchdruckerkunst zurückzuführen ist.

So veröffentlichte Heinrich IV., dessen korrektes Verhalten überhaupt bemerkenswert ist, ein Manifest gegen den Herzog von Savoyen, in dem er ausführt: „qu'il ne prenait les armes que malgré lui, et pour recouvrir le marquisat de Salüces, usurpé par le duc de Savoie au milieu de la paix sur Henri III, son prédécesseur, qu'il avait comblé de tant de faveur le père et le fils; qu'il avait mis tout en oeuvre pour ne point en venir à cette dernière extrémité; mais que le duc ayant rejeté les conditions les plus équitables, il ne lui restait d'autre parti que d'enlever à son ennemi ce que la raison n'avait pu en obtenir."[6]) — Am 11. Oktober 1634 veröffentlichte Ludwig XIII. ein Manifest, in dem er Spanien den Krieg erklärte.[7]) Richelieu, der im Einverständnis mit dem König den Krieg unter allen Umständen herbeiführen wollte, ließ ihn außerdem noch in der im 16. Jahrhundert üblichen Form feierlich durch Herolde verkünden: ein Herold unter dem Titel d'Alançon überbrachte in Begleitung eines Trompeters dem Kardinal-Infanten von Spanien die Herausforderung nach Brüssel. Der Verlauf dieser Kriegserklärung ist von besonderem Interesse. Der Herold, der am 26. Mai 1635 Audienz beim Kardinal-Infanten nachsuchte (er trug dabei ein violettes Kleid, das mit goldenen Lilien und dem Wappen von Frankreich und Navara geschmückt war), wurde nämlich nicht empfangen; er warf daher eine Kopie der Kriegserklärung, die er überbringen sollte, vor die Herolde des Kardinal-Infanten und unter das Volk, das sich bei seiner Ankunft versammelt hatte und verließ die Stadt. An der Grenze des Landes befestigte er eine weitere

---

[6]) De Flassan Bd. II S. 203; Michelet, Histoire de France Bd. III S. 244.

[7]) Arch. du ministère des aff. étrangeres, fonds Espagne 1600—1624; Document historique Bd. XXVII, 265 S. 333.

Kopie derselben Erklärung an einen Pfahl an der Landstraße des Grenzdorfes.[8]) Nach seiner Rückkehr nach Frankreich ließ der König am 18. Juni die Kriegserklärung mit einer längeren Begründung in sämtlichen Provinzen bekannt machen und in allen Parlamenten registrieren.[9]) Dieses Manifest ist 160 Seiten stark und geht ausführlich auf jeden einzelnen Grund ein.[10])[11]) Von spanischer Seite wurde darauf mit einem Gegenmanifest geantwortet, in dem der erste feindliche Akt dem Gegner zugeschoben wurde.

---

[8]) Réal de Curban, La Science de Gouvernement Paris 1764 Bd. V S. 496; Voltaire, Le Siècle de Louis XIV, Cap. II (nicht Cap. XI, wie Maurel, Soughimoura und Bruyas zitieren).

[9]) Nach de Flassan III S. 30 wurde dieses Manifest bereits am 19. Mai 1635 veröffentlicht und zwar soll es auch gegen die Anhänger Spaniens — l'Espagne et ses adhérens — gerichtet gewesen sein. Es heißt dort: „La cour de France publia le 19 mai 1635 un manifeste contre l'Espagne et ses adhérens dans lequel elle accusait la cour de Madrid d'avoir continué, malgré l'alliance de famille entre les deux souverains, de formenter des troubles dans le royaume, d'avoir attaqué le duc de Savoie, et cherché à obtenir par toutes sortes de voies, un passage par les Grisons et la Valteline. L'ambassadeur d'Espagne, marquis de Mirabel, y était accusé d'avoir cherché pendant son séjour à Paris, à troubler la bonne intelligence entre la France et l'Angleterre . . . (Vgl. Du Mont Bd. VI) Le manifeste de la France était dirigé contre l'Espagne et ses adhérens. Il paraît que par ce dernier mot, on entendait l'empereur; car le roi ne tarda pas à envoyer en Allemagne une armée commandée par le cardinal de la Valette, auqu'el il joignit le corps d'armée aux ordres du duc de Saxe-Weimar.

L'empereur fit alors publier un manifeste par lequel il exposait que le roi de France, au praejudice du traité de Ratisbonne, avait fournides secours au roi de Suède et aux autres ennemis de l'Empire, et avait saisi ou avait reçu des mains des Suèdois diverses places qui en dépendaient. En conséquence il déclarait la guerre à la France; et une armée impériale, aux ordres du général Galons pénétra incontinant en Bourgogne."

[10]) Cf. Archives du ministère des affaires étrangères, fond d'Espagne 1634—1642; Documents historiques Bd. V S. 150.

[11]) Übrigens war dies nicht die letzte Kriegserklärung durch Herolde, wie Voltaire annimmt (Siècle de Louis XIV Cap. II: Il restait encore des anciennes lois des nations celle de déclarer la guerre par un héraut. Louis XIII fut le dernier qui observa cette coutume: il envoya un héraut d'armes à Bruxelles déclarer la guerre

Weitere Manifeste sind die Ludwigs XIII. aus dem Jahre 1636 (ergangen anläßlich des Neutralitätsbruches der Franche-Comté, registriert am 27. Mai 1636 im Parlament von Dijon) und Oliver Cromwells aus dem Jahre 1645 (gegen Spanien, als Kriegsgrund werden die Grausamkeiten und Raubzüge der Spanier in Indien angegeben).[12]) Das Manifest, das Villiers, Herzog von Bukingham, als Oberbefehlshaber einer Expedition Karls I. gegen Frankreich erließ,[13]) kann dagegen nicht als formgerechtes Manifest angesehen werden, da es einmal nicht vom König, sondern nur von dem Admiral und General ausging und ferner die bei jeder Kriegserklärung übliche Angabe des Grundes, Zweckes und die ausdrückliche Herausforderung nicht enthielt.

In der zweiten Hälfte des 17. Jahrhunderts wurden die meisten Kriegserklärungen ebenfalls durch Manifeste bekannt gemacht. Doch hielt man sich jetzt nicht mehr an die wesentlichen Erfordernisse. Oft werden die Manifeste erst nach Ausbruch der Feindseligkeiten herausgegeben; sie enthalten dann keine Kriegserklärung mehr, sondern werden nur an die neutralen Nachbarstaaten gesandt, um diese zu gewinnen oder zu beeinflussen. Durch eine solche Mißachtung wesentlicher Formerfordernisse verlor die Kriegserklärung an Wert, namentlich konnte sie ihren Zweck, Klarheit in die internationalen Beziehungen zu bringen, nicht mehr erfüllen. So ist es erklärlich, daß gegen Ende des 17. Jahrhunderts die Beobachtung der Form ganz fallen gelassen wurde und die Kriege meistens ohne weitere Ankündigung begannen. Der tiefere Grund dieser Entwicklung liegt vielleicht darin, daß mit dem westfälischen Frieden von 1648 der Gedanke der Zusammengehörigkeit aller europäischer Staaten zu einer

à l'Espagne en 1635). Nach Travers-Twiss a. a. O. Bd. II S. 59 erfolgte die letzte Kriegserklärung durch Herolde vielmehr im Jahre 1657 durch Karl X. von Schweden, der einen Herold nach Kopenhagen schickte, um Dänemark den Krieg zu erklären.

[12]) Arch. du ministère des affaires étrangères, fonds d'Angleterre, 7 S. 112.

[13]) Lord Clarendon, History Oxford 1827, Vol. I pag. 71.

christlichen Gemeinschaft endgültig aufgegeben wurde und an seine Stelle das Prinzip der Selbstherrlichkeit des einzelnen, auf nationalistischer Grundlage fundierten Staates durchbrach. Aus der, trotz der Beibehaltung religiöser Formeln durchaus macchiavellistischen Machtpolitik dieser Staaten ergab sich eine neue Auffassung der Kriegserklärung: sie wurde als überflüssige Formalität nach Gutdünken vorgenommen oder unterlassen, maßgebend war nur der Gesichtspunkt, wie man den Gegner im geeigneten Augenblick überfallen konnte.

So griffen die Engländer im Jahre 1652 mitten im Frieden holländische Schiffe an und brachten sie ein, dann erst veröffentlichte Cromwell ein Manifest und erklärte Holland den Krieg. Auch der Krieg, der 1665 zwischen England und Holland entbrannte, begann ohne Kriegserklärung; erst nachdem alle holländischen Handelsschiffe, die sich in englischen Häfen befanden, beschlagnahmt und eine holländische Handelsflotte, die von Smyrna kam, von englischen Kriegsschiffen gekapert war, erklärte Karl II. von England am 14. März 1665 Holland den Krieg.[14]) Ludwig XIV., dessen Vermittlungsvorschlag von Karl II. nicht angenommen wurde,[15]) erklärte am 26. Januar 1666 von Saint-Germain-en-Laye aus Karl II. den Krieg in einem Manifest, in dem es heißt: Que le roi voyant la mésintelligence survenue entre l'Angleterre et la Hollande, avait ordonné à ses ambassadeurs de passer tous les offices nécessaires en son nom, pour essayer d'étouffer cette division dans sa naissance; qu'ayant appris avec déplaisir que les choses s'étaient aigries jusqu'au point d'envenir à des actes d'hostilités, Sa Majesté avait envoyé vers le roi de la Grande-Bretagne des ambassadeurs extraordinaires pour tenter par de nouveaux offices d'en arrêter le cours et accomoder les différents; mais que sa médiation n'ayant pas eu l'heureux effet qu'elle s'en était promis, et les Etats Généraux ayant sollicité Sa Majesté d'exécuter le traîté de ligue défensive qu'elle avait conclu avec eux le 27 d'avril 1662, Sa Majesté se trouvait obligée de tenir Sa parole

[14]) De Flassan Bd. III S. 336.

[15]) Pelisson, Histoire de Louis XIV Bd. I u. II.

Royale et de joindre Ses forces à celle des Etat-Généraux, pour agir contre l'Angleterre," dann heißt es weiter: „ordonne à ses sujets de courre sus aux Anglais et leur défent d'avoir aucune communication, commerce ni intelligence, à peine de vie . . . révoque toutes les permissions[16]) . . . ordonne la publication et l'affichage dans toutes les villes, afin que personne ne l'ignore.[17]) Diese Kriegserklärung ist, wie De Flassan (Bd. III S. 340) bemerkt, äußerst zurückhaltend und erhebt keinen persönlichen Vorwurf gegen England. — Im Mai 1667[18]) besetzten französische Truppen die Niederlande; das Manifest, in dem Ludwig XIV. betonte, daß er nur zu den Waffen greife, um sich sein gutes Recht zu verschaffen, erging aber erst am 28. August 1667. Es wurde an die meisten Herrscher Europas gesandt.[19]) — Am 6. April 1672 erließ Ludwig XIV. ein Schreiben (ordonnance)[20]) gegen die vereinigten Provinzen, in dem er sagt: „Que la mauvaise satisfaction, que Sa Majesté avait de la conduite que les Etats-Généraux des Provinces-Unies avaient eut depuis quelque temps à son égard, avait été porté si loin, que Sa Majesté, sans blesser Sa gloire, ne pouvait plus longtemps dissimuler son indignation, et qu'elle déclarait en conséquence la guerre aux Etat-Généraux tant par terre que par mer..." Von seinem Einmarsch in Burgund benachrichtigte Ludwig XIV. die deutschen Fürsten, die holländische Regierung und den Nuntius.[21]) Karl II. von England, der ganz unter dem Einfluß Ludwigs XIV. stand, erklärte ebenfalls am 6. April 1672 Holland den Krieg, doch hatte er bereits

---

16) Wie Seite 43 der Arbeit.

17) Du Mont Bd. II 3. Teil S .82.

18) Nicht 1662, wie Maurel (a. a. O. S. 45) und Soughimoura (a. a. O. S. 79 Anm. 41) angeben.

19) Dareste, Histoire de France Bd. V. I. 31 S. 422; Henri Martin, Histoire de France 1667 Bd. XIII S. 315.

20) De Flassan (a. a. O. Bd. III S. 407) bemerkt zur Terminologie: „Au point de vue de la terminologie, déclarations manifeste, ordonnances, édits, se confondaient les appelations étaient données indifféramment à un act qui émanait toujours de la puissance souveraine d'un seul et étaient l'affirmation de la volonté de faire la guerre."

21) De Flassan III S. 407.

am 23. März seiner Flotte befohlen, holländische Schiffe abzufangen.[22]) Einwendungen gegen dieses Verfahren beantwortete Karl II. damit, daß er sagte, er habe nur eine günstige Konjunktur ausnützen wollen.

Der erste Fall einer durch den Abbruch der diplomatischen Beziehungen erfolgten Kriegserklärung ereignete sich im August 1673; Kaiser Leopold I. befahl dem französischen Gesandten de Grémonville, der ihn beleidigt hatte, sich aus seinen Staaten zu entfernen, gleichzeitig erhielt das kaiserliche Heer den Befehl, an den Rhein zu marschieren, um Frankreich anzugreifen.[23]) Die weiteren Kriegserklärungen Ludwigs XIV.[24]) sowie anderer europäischer Staaten zeigen gegenüber den bisherigen Beispielen keine wesentlichen Abweichungen.

---

[22]) Michelet, Histoire de France Bd. III S. 244.

[23]) De Flassan Bd. III S. 409.

[24]) Am 19. Oktober 1673 erklärte Ludwig XIV. Spanien den Krieg. (Das Nähere hierüber bei Du Mont Bd. 7). Im Jahre 1676 (nicht 1670 wie Sughimoura S. 79 Anm. 41 behauptet) erklärte er Dänemark den Krieg in einem Manifest vom 20. August (Du Mont Bd. VII S. 323); am 15. Mai 1674 den Genuesern unter gleichzeitiger Anordnung der Beschlagnahme ihrer Schiffe und Waren (Du Mont Bd. VII 2. Teil S. 79; de Flassan Bd. IV S. 84); am 24. September 1688 Leopold I., der auf das Manifest Ludwigs XIV. mit einem Gegenmanifest, datiert Wien den 18. Oktober 1688, antwortete (Du Mont Bd. VII und de Flassan Bd. IV S. 108); am 16. November 1688 an Holland (Du Mont Bd. VII, de Flassan Bd. IV S. 108, der diese Kriegserklärung vom 16. Dezember 1688 datiert, Arch. du ministère des affaires étrangères, fonds Sardaigne; Mémoirs et documents, 1675—1697; Négotiations 4 S. 327), worauf die vereinigten Provinzen mit einer langen Entgegnung vom 9. März 1689 antworteten (Du Mont Bd. VII 2. Teil S. 212ff.). In seiner Kriegserklärung an Spanien vom 16. April 1689 führt Ludwig XIV., nachdem er die Gründe, die ihn zum Kriege veranlaßten, angegeben hat, aus: „Qu'ayant fait demender une réponse à la cour de Madrid par son ambassadeur, le comte de Rebeirac, celle qu'il avait reçue ne lui laissait aucun lieu douter que l'intention du roi d'Espagne fût de se joindre à ses ennemis, Sa Majesté Très Chrétienne avait cru devoir ne pas perdre de temps à prévenir ses mauvais dessins, et à lui déclarer la guerre etc.“ (De Flassan Bd. IV S. 108; Du Mont Bd. VII 2. Teil S. 221 ff.; Arch. du ministère des affaires étrangères fonds Sardaigne, Mémoires et documents 1675—1697; négotiations 4

§ 3.

Das 18. Jahrhundert.

Die Ansichten der Autoren des 18. Jahrhunderts sind geteilt. Huber[1]) und Burlamaqui[2]) halten wie Pufendorf die Kriegserklärung für unerläßlich. Heineccius[3]) dagegen und Jäger[4]) betrachten sie schon als eine Formalität, die vielleicht von der Höflichkeit, niemals aber vom Völkerrecht vorgeschrieben sei. In ähnlicher Weise rechnet Byn-Kershoeck[5]) die Kriegserklärung zu den Dingen, die man sich zugesteht, die aber nicht als ein Recht verlangt werden können, da die Gerechtigkeit die Anwendung der Gewalt ohne vorherige Erklärung gestatte, während allerdings die „Seelengröße" in dieser Hinsicht etwas großmütiger verfahre. Vattel[6]) hinwiederum, ein Schüler Christian Wolffs, hält die Kriegserklärung für notwendig, um die Streitfrage, wenn möglich, noch ohne Blutvergießen zu regeln; das sei eine Schonung, die man der Menschheit, den Neutralen und seinen

---

S. 345). Der König von Spanien antwortete darauf am 3. Mai mit einem sehr scharfen Gegenmanifest (Du Mont Bd. VII; De Flassan a. a. O.). — Auf die Kriegserklärung des neuen Königs von England, Wilhelms III. vom 17. Mai 1689 antwortete Ludwig XIV. am 25. Juni mit einem Manifest (Du Mont a. a. O. S. 230). Das letzte Manifest Ludwigs XIV. aus dem Jahre 1689 richtete sich gegen den Herzog von Savoyen (Du Mont Bd. VII; nach De Flassan Bd. IV S. 129 wurde er erst 1690 erlassen).

Von Interesse ist ferner, daß der König von Schweden, als die Spanier im Juni 1678 Charleroi angriffen, die Frage der Kriegserklärung durch den Senat erörtern ließ (Arch. du ministère des affaires étrangères, fonds Suède 1672—1688, négotiations 12. S. 20 ff.).

Im Jahre 1692 veröffentlichte der König von Großbritannien ein Manifest gegen die Niederlande, das rückwirkende Kraft haben sollte (Arch. du ministère des affaires étrangères, fonds Espagne, 1635—1719 documents historique Bd. XXVIII, 266 S. 230.

[1]) De conflictu legum 1708.

[2]) Principes du droit naturel et du droit politique. Genève 1748.

[3]) Elementa juris civilis, Lib. II § 198. Leipzig 1766.

[4]) In Siebenkees Magazin 1782 I S. 1 ff.

[5]) Questiones juris publici, Paris 1737 Lib. I Cap. II. „Potest bellum incipere ab indictione et etiam potest vi mutua ... Ut bellum sit legitimum, indictionem belli non videtur necessarium."

[6]) Droit des gens 1758.

Untertanen schulde; ähnlich schon vorher Barnekau.[7]) Eine wichtige Zusammenstellung der Praxis gibt Joh. Jac. Moser.[8]) J. Chr. W. von Steck verweist darauf, daß die Staaten sich damit begnügten, den Kriegsbeginn mit einem feindlichen Akt bekanntzumachen.

Die meisten der 47 Kriege, die während des 18. Jahrhunderts entbrannten,[9]) erfolgten ohne vorherige Kriegserklärung. Damit handelte man nur im Sinne der Praxis, die sich in der zweiten Hälfte des 17. Jahrhunderts herausgebildet hatte. Denn auch die Manifeste dieser Zeit sollten nicht als Kriegserklärungen gelten, sondern nur dazu dienen, die Neutralen zu beeinflussen. Das gleiche gilt von den Manifesten des 18. Jahrhunderts, die sehr zahlreich waren.[10]) Der Gegner veröffentlichte selbstverständlich immer ein Gegenmanifest.

Durch die Kolonialpolitik Frankreichs und Englands kommt ein neues Moment in die Frage der Kriegserklärung. Die Kämpfe des 18. Jahrhunderts spielen sich zum großen Teil auf dem Meere und in den Kolonien ab. Es liegt nun nahe, daß in diesen Handelskriegen kein Wert auf die Beobachtung ritterlicher Formen gelegt wird. Dazu kommt, daß es jetzt von weit größerer Bedeutung als früher war, den Gegner unversehens zu überfallen. Im Gegensatz zu einem Überfall zu Lande hat nämlich der Überfall zur See oder in den Kolonien einen entscheidenden Einfluß auf das Schicksal des Krieges. Bis eine geschlagene und vernichtete Flotte wieder hergestellt war, konnten Jahrzehnte vergehen, bis irgendeine Kunde von einem Überfall in den Kolonien in das Mutterland gelangt war, konnte in jenen Zeiten die

---

[7]) Barnekau, Dissert. de clarigatione, in Boeclers Sammlung 1710 S. 1178ff.

[8]) Beyträge 1779 S. 348, 369. Vgl. das Beispiel oben S. 26 Anm. 36.

[9]) Maurice, Hostilities without declaration of war, London 1883.

[10]) Maurel, De la déclaration de Guerre S. 50: „Et les manifestes, que nous allons trouver nombreux au cours de ce siècle seront des simulacres de déclarations de guerre, vestiges d'une forme passée, dépourvus de leur principal caractère, puis qu'il ne seront plus des avertissements préalables, mais de simples écrits sans valeur qui n'avaient qu'un but: justifier aux yeux des autres nations une conduite injustifiable au point de vue du droit".

ganze Kolonie erobert sein und war an eine Hilfe nicht mehr zu denken. In der Tat ist der ganze Kolonialbesitz Frankreichs und seine mächtige Flotte durch derartige Überfälle von England vernichtet worden.

Diese Gewohnheit, den Kampf ohne vorherige Kriegserklärung zu beginnen, wurde im 18. Jahrhundert auch auf die Landkriege übertragen. So erschienen am 12. März 1700 40 000 Sachsen unter dem General Fleming vor Riga, das damals zu Schweden gehörte und forderten den Kommandanten der Stadt auf, zu kapitulieren.[11]) Am 20. Juli desselben Jahres bombardierte der englische Admiral Sir George Rook die dänische Flotte vor Kopenhagen ohne jede Kriegserklärung. Im spanischen Erbfolgekrieg bemächtigen sich französische Truppen ohne Kriegserklärung Luxemburgs, Namurs und Mons. Am 28. Juli 1701 dringt der Marschall de Catinat in die Lombardei ein, während der Prinz Eugen, ebenfalls ohne Kriegserklärung, die Franzosen in Carpi angreift, feste Plätze im Gebiet von Mantua besetzt und Winterquartiere in Guastalla, Parma und Modena bezieht trotz der Vorstellungen der dort herrschenden Fürsten. Im Mai 1702 erklärt der Kaiser Leopold gemeinschaftlich mit England und den vereinigten Provinzen Frankreich den Krieg: die Kriegserklärung der Königin Anna von England ist datiert vom 4. Mai, das Manifest der Generalstaaten vom 8. Mai, die Kriegserklärung Leopolds vom 15. Mai. Das Deutsche Reich selbst stellte sich auf seiten des Kaisers und der Reichstag erließ am 28. September 1702 eine Kriegserklärung gegen Ludwig XIV.[12]) Dieser veröffentlichte seinerseits am 2. Juli ein Manifest, das am 3. Juli bekannt gegeben und am 8. Juli den Gouverneuren in den Provinzen mitgeteilt wurde. In dem Manifest erklärt Ludwig dem Kaiser, England und den vereinigten Provinzen den Krieg und führt dann aus: „L'Europe entière est témoin de la modération de

[11]) Voltaire, Histoire de Charles XII. „Invasion soudaine, sans même daigner recourir d'abord à la vaine formalité des déclarations de guerre et des manifestes".

[12]) Der Text dieser Erklärungen ist bei De Flassan Bd. IV S. 129 mitgeteilt.

Sa Majesté, qu'elle a vu attaquer des places, prendre des postes avantageux, arrêter des convois, faire des prisonniers, avant qu'il y ait aucune déclaration de guerre, dans le temps que Sa Majesté faisait agir ses ambassadeurs pour conserver la paix." Der weitere Wortlaut dieses Manifests ist äußerst charakteristisch; es heißt da: „Que quoique par le traité conclu à Ryswick, il (le roi) eut prouvé à l'Europe son désire de maintenir la tranquillité générale, Néanmoins l'empereur sans aucun droit légitime à la succession d'Espagne, s'était mis en état par l'augmentation de ses troupes, par les traités et alliances avec plusieurs princes, et particulièrement avec l'Angleterre et les Provinces Unies, de troubler le repos de l'Europe par une nouvelle guerre aussi injuste que mal fondé, que ces puissances ayant commencé de toutes parts des actes d'hostilités, au préjudice de traîtés si solennellement jurés et ayant fait publier des manifestes et déclarations de guerre, Sa Majesté très Chretienne se trouvait dans la nécessité de déclarer la guerre à l'empereur, à l'Angleterre, aux Provinces-Unies et aux princes, leurs alliés." — Die ordonnance, die der König ebenfalls bei dieser Gelegenheit veröffentlichte, gab auch die Gründe an, die ihn zur Kriegserklärung bewogen und fährt dann so fort: „A cet effet Sa Majesté a résolu d'employer ses forces tant de terre que de mer, soutenue de la protection divine, qu'elle implore pour la justice de sa cause, de déclarer la guerre à l'Empereur, à l'Angleterre, aux Etats-Généraux et aux princes leurs alliés, ordonne et enjoint Sa Majesté à tous ses sujets, vassaux et serviteurs de courir sus aux sujets de l'Empereur, aux Anglais, Hollandais et sujets de leurs alliés, et à défendu et défend très expréssement d'avoir ci-après avec eux aucune communication, commerce, ni intelligence, à peine de la vie; en conséquence, Sa Majesté a révoqué et révoque toutes permissions, passeports, sauvegardes et sauf-conduits qui pourraient avoir esté accordés par Elle ou par ses Lieutenants-généraux et d'autres officiers, contraires à la présente, ... mande et ordonne Sa Majesté à l'amiral, aux maréchaux de France, gouverneurs et Lieutenants-généraux pour Sa Majesté en ses provinces .... qu'il appartiendra que le contenu en la présente, ils fassent exécuter chacun à son égard, dans l'étendu de leurs pouvoir et jurisdiction, car telle est la volonté de Sa Majesté laquelle entend que la présente soit publiée et affichée en toutes les villes tant maritimes qu'autres et en tous les Etats havres et autres lieux de son Royaume et terres de son obéissance que besoin sera, en ce qu'aucun n'en prétende cause d'ignorance."[13])

Ähnliche Formeln waren in allen Kriegsmanifesten üblich.[14]) Eine Aufzählung solcher Veröffentlichungen soll hier nicht gegeben werden. Im einzelnen ist es zweifelhaft, ob es sich dabei um Kriegserklärungen oder Manifeste an das eigene Volk oder an Neutrale handelt.[15]) De Flassan (Bd. 5 S. 67) bemerkt übrigens mit Recht zu den Gegen-

[13]) Vgl. Nys, Le droit international Bd. III S. 123ff.

[14]) Archives du ministère des affaires étrangères fonds Angleterre, 1701—1713; Mémoires et documents XVII, XV, pp. 41ff., sur „la manière dont il e en a esté usé en 1702, lors de la rupture de la France avec l'Angleterre et la Hollande".

[15]) Im Jahre 1703 erließ Peter II., König von Portugal, ein Manifest gegen den König von Frankreich (de Flassan Bd. IV S. 221).

Am 4. Dezember 1703 erklärte Frankreich dem Herzog von Savoyen den Krieg durch ein Manifest, das den Namen „ordonnance" trug. Der Herzog hatte bereits vorher Manifeste gegen den König an seine Untertanen gerichtet (Archiv, fonds Sardaigne, Piémont 1600—1805 p. 76 5. pièce).

1715 griff England ohne Kriegserklärung Schweden an.

Am 22. August 1717 begann Spanien ohne jede Erklärung die Eroberung Sardiniens, im folgenden Jahre in ähnlicher Weise die von Messina und fast ganz Sizilien.

Am 1. August 1718 griff der englische Admiral Bing 6 Monate vor jeder Kriegserklärung auf ausdrücklichen Befehl seiner Regierung die spanische Flotte an und vernichtete sie. Am 27. Dezember 1718 erließ Georg I. von England die Kriegserklärung gegen Spanien, am 9. Januar 1719 gegen Frankreich. In dieser Erklärung werden die verschiedenen Gründe des Krieges aufgezählt, den Gegnern mehrere Vorwürfe gemacht, insbesondere dem spanischen Ministerium „de ne s'être rendu inaccessible à tout projet de paix, que parce qu'il avait formé de soulever la France contre la France, d'y ménager des rebelles dans tous les ordres de l'etat, de souffler la guerre civile dans le sein de nos provinces, et d'être enfin, pour nous, le fléau du ciel, en faisant éclater ces projets séditieux, et faire ‚jouer cette mine' qui devait selon les termes de la lettre de l'ambassadeur (d'Espagne) servir de prélude à l'incendie, en récompense des trésors

manifesten und den Antworten, daß sie zwar die Feindseligkeiten nicht aufhalten und sie sogar oft noch verschärfen, immerhin aber die einzelnen Gründe, auf die sich eine kriegführende Partei berufen konnte, erkennen lassen und so einen Anhaltspunkt für die Beurteilung der Gerechtigkeit oder Ungerechtigkeit einer Sache bieten. —

Besondere Hervorhebung verdienen in diesem Zusammenhange die Kriege Friedrichs II. von Preußen. Am 16. Dezem-

---

que la France avait prodigués, et de sang qu'elle avait répandu pour l'Espagne."

Am folgenden Tage erließ der Hof in Versailles die Kriegserklärung gegen Spanien, in der Spanien Vertragsverletzung, Undankbarkeit, Intrigien vorgeworfen werden und dann fortgefahren wird, „qu'il nétait pas juste que le repos de l'Europe fût troublé après tant de nombreux efforts de Sa Majesté très Chrétienne et du roi de la Grande Bretagne pour la paix, la cour de Versailles se voyait contrainte par la traité de la quadruple alliance, de déclarer la guerre au roi d'Espagne, mais en le conjurant de ne pas refuser la paix à un peuple qui l'avait élevé dans son sein, et qui avait si généreusement prodigué son sang et ses biens pour le maintenir sur le trône, comme il i'avouait lui-même dans sa déclaration du 9 de novembre etc." (De Flassan Bd. IV S. 480). (Dies Manifest und die Kriegserklärung, die ihres Stils wegen bemerkenswert sind, werden Fontenelle zugeschrieben).

Die Belagerung Gibraltars durch spanische Truppen (1727) erfolgte ohne Kriegserklärung. In dem Kriege zwischen Spanien und England 1738 erfolgte eine Kriegserklärung erst einige Monate nach dem Beginn der Feindseligkeiten (Travers-Twiss a. a. O. S. 369 meint — wohl zu Unrecht — die inzwischen vorgenommenen Repressalien seien dadurch nachträglich zu regelrechten Kriegsakten geworden).

1733 rückten russische Truppen ohne Kriegserklärung in Polen ein, französische und spanische in die Lombardei. Kehl wurde am 10. Oktober 1733, einen Tag vor der offiziellen Kriegserklärung Frankreichs an den Kaiser, von den Franzosen genommen. Gleichzeitig veröffentlichte Ludwig XV. ein Exposé über seine Gründe (Rousset, Recueil Bd. IX).

Am 13. März 1734 veröffentlichten der Kaiser und das Reich ihre Kriegserklärung an Frankreich mit einer Antwort auf die Exposé des motifs (de Flassan Bd. V S. 67—70). Der im Anfang des Jahres 1739 zwischen Spanien und Großbritannien begonnene Krieg wurde von der letzteren Macht erst am 23. Oktober (9. November) erklärt, während Spanien seinerseits am 29. November ebenfalls mit einer Kriegserklärung darauf antwortete (Merc. hist. 1740 Tome I S. 360).

ber 1740 rückte Friedrich in Schlesien ein; am folgenden Tage setzte der preußische Gesandte in Wien den österreichischen Hof von den Absichten Friedrichs in Kenntnis. Doch kam dieser Krieg durchaus nicht so unverhofft, wie dies nach den Angaben der französischen Literatur, besonders aber nach den Auslassungen des Herzogs von Broglie[16]) anzunehmen ist. Denn die Absicht Krieg zu führen, hatte Friedrich lange vorher den Neutralen, allerdings formlos, mitgeteilt;[17]) am 4. Dezember dem König von England, ferner in Petersburg, München, Dresden, Turin und mehreren andern Residenzen.[18]) Am 9. August 1744[19]) besetzte Friedrich II.

---

[16]) Frédéric I et Marie Thérèse, Paris 1883 Bd. I S. 116ff.

[17]) Koser, Friedrich der Große, 3. Aufl. Stuttgart und Berlin 1904 S. 55. Den Inhalt der preußischen Erklärung siehe in Mosers Beytr. I. Theil S. 212; dort befindet sich auch das Manifest, das Friedrich nach seinem Einmarsch in Schlesien anschlagen ließ.

[18]) Vgl. Mosers Beytr. Bd. I S. 357, wonach diese Note erst am 13. Dezember erging. Auch in Österreich selbst war man sich über die Absichten Friedrichs nicht im unklaren: Ende Oktober 1740 meldete der österreichische Resident aus Berlin nach Wien, daß Preußen geheime Absichten auf ein Stück Schlesien habe und am 19. November 1740 schrieb Maria Theresia ihrem Gesandten in London, niemandem sei weniger zu trauen als dem König von Preußen (Koser S. 52, 74). Anfangs Dezember 1740 liefen dann weitere zahlreiche Berichte aus Berlin ein, die keinen Zweifel über Friedrichs Absichten ließen. Am 14. Dezember erhielt der Gemahl Maria Theresias durch einen Eilboten den ganzen Plan mitgeteilt. (Auf diese Einzelheiten, die selbstverständlich keine förmliche Kriegserklärung enthalten oder ersetzen, wurde hier deshalb eingegangen, weil sie in der Darstellung vieler Autoren die Rolle einer „brutalen Rechtsbeugung“ spielen.)

[19]) Zwischen dem ersten und zweiten schlesischen Krieg liegt der Beginn des österreichischen Erbfolgekrieges, der ebenfalls ohne Kriegserklärung stattfand: die Schlacht bei Dettingen erfolgte am 26. Juni 1743, die Kriegserklärung Frankreichs an England und Österreich am 15. März 1744 (über den Inhalt dieser Erklärung vgl. Archives fonds Angleterre 37 8. Juin, p. 101 und Rousset, Recueil Bd. XVIII).

Am 26. April desselben Jahres erfolgte die Kriegserklärung Frankreichs an Österreich (mitgeteilt im Mercure historique von 1744 Tome I p. 583), welche die Königin von Ungarn am 16. Mai desselben Jahres ebenfalls mit einer Kriegserklärung beantwortete. Am

Sachsen und Böhmen ohne Kriegserklärung. Am 29. August 1756[20]) marschierte er in Sachsen ein, nachdem er zu drei

Ende derselben heißt es: Damit Wir aber inzwischen jenem nicht entstehen, was Wir Unserer höchsten Würde, getreuen Bundesgenossen, des teutschen Reichs Grundverfassung und Rettung der allgemeinen Freyheit, schuldig seynd; so können und wollen wir auch nicht verweilen, den Krieg der Cron Frankreich und deren Anhängern, (wie hiermit geschiehet) hinwiederum anzukündigen.

Gebieten dahero allen und jeden Unsern Unterthanen, Dienern und Vassallen, wes Standes und Würden sie seynd, und bevorab Unsern sämtlichen Befehlshabern und Kriegsvölkern zu Ross und Fuss: Der Crone Frankreich und ihrer Anhänger Unterthanen feindlich anzusehen, und ihnen allen möglichen Abbruch zu thun, annebst, bey Leibs- und Lebensstraffe, mit ihnen die mindeste Gemeinschafft, Einverständniss oder Briefwechsel nicht zu unterhalten. Ingleichen erneuern Wir ausdrücklich und gemessen die von weyland Unsers in Gott ruhenden Herrn Vaters Kayserlichen Majestät und Lbden unter dem 22. Dec. 1733 wegen Ausschaffung dieser feindlichen Crone und deren Anhänger Unterthanen aus sammtlichen Oesterreichischen Erbkoenigreichen und Landen ergangene Verordnung...

Und soll diese Unsere Kriegserklärung, samt angeheffteten Gebot, in sämtlichen Unsern Botmäßigkeit unterworffenen Erbkoenigreichen und Landen, auf die jedes Orts gewöhnliche Art zu dem Ende publiziert werden, auf daß Alle und Jede deren Inhalt wissen = folglich, so vil an selben ist und jeden angehet, darob durchaus festiglich halten = darwider nicht thun, noch den Ihrigen, oder jemand Andern, zu handlen gestatten mögen, in keinerley Weise noch Wege; als lieb einem Jeden ist, Unsere schwere Ungnade zu vermeiden und sich vor Schaden zu hüten usw. (zit. nach Mosers Beytr. I. Theil S. 82ff.). Der Mercure historique von 1744 Tome I p. 439 enthält ebenfalls die Ordonnance du Roi portant Déclaration de Guerre contre le Roi d'Angleterre, Electeur de Hannovre. Sie beginnt mit den Worten: „De par le Roi", und nachdem die Gründe, die zum Kriege geführt haben, aufgezählt worden sind, heißt es dann weiter: „Tels sont les justes motifs qui ne permettent plus à Sa Majesté de rester dans les bornes de la modération, qu'elle s'était prescrite & qui la forcent de déclarer la Guerre, comme elle la déclare par le présente, par mer & par terre, au Roi d'Angleterre, Electeur de Hanovre.

Ordonne et enjoint Sa Majesté à tous ses sujets..." wie S. 43 der Arbeit.

Die englische Regierung antwortete mit einer Gegenerklärung vom 9. April, in der besonders die Schlußworte beachtenswert sind, weil sich aus ihnen ergibt, daß man den Krieg nicht mehr gegen

verschiedenen Malen Aufklärung über die Truppenbewegungen der Österreicher verlangt hatte, ohne eine genügende Antwort zu erhalten. In seinem dritten Schreiben an den preußischen Gesandten in Wien, das er gleichzeitig mit dem

---

den einzelnen Untertanen, sondern gegen den feindlichen Staat als solchen führte: „comme il y a dans nos royaumes plusieurs des sujets du roi très Chrétiens nous déclarons que notre intention est que les sujets de France qui se comporteront envers nous selon le devoir, seront et demeureront hors d'atteinte en leurs biens et en leurs personnes". (De Flassan Bd. V S. 187—190.)

Am 26. April erließ Frankreich eine andere Kriegserklärung gegen die Königin von Ungarn, weil die Kriegserklärung vom 15. März nur wegen des Bündnisvertrages mit Bayern erfolgt war (Rousset, Recueil Bd. XVIII; De Flassan Bd. V S. 195), (obwohl es keinen Unterschied machen dürfte, ob der Gegner den Krieg selbständig oder nur als Bundesgenosse einer Gegenpartei führt). — Auf die Erklärung vom 26. April antwortete Österreich mit einem Manifest vom 16. Mai, in dem es heißt: daß der Krieg Frankreichs gegen England, den Bundesgenossen der Königin von Ungarn, bereits ein hinreichender Grund zur Erklärung des Krieges an Frankreich sei. „Mais qu'elle venait de la lui déclarer à elle même dans les formes, après la lui avoir faite pendant quelques années en l'attaquant avec toutes ses forces, d'une manière parjure et contraire à tout droit divin et humain etc." Die Generalstaaten kamen Österreich sofort zur Hilfe, doch erklärte ihnen Frankreich erst am 17. April 1747 den Krieg (vgl. Merc. hist. 1749 Tome I p. 565, II 635; Rousset, Recueil Bd. XX und De Flassan Bd. V S. 377); am gleichen Tage betraten französische Truppen den holländischen Boden.

Zwischen dem 2. und 3. schlesischen Kriege sind folgende Kriege bemerkenswert:

1754 Kolonialkämpfe zwischen französischen und englischen Truppen in Amerika, während zwischen diesen beiden Mächten in Europa Frieden herrschte, gemäß dem Aachener Frieden vom Oktober 1748.

Am 8. Juni 1755 griff der englische Admiral Boscawen auf Befehl seiner Regierung die französische Flotte an, während Fox, der damalige englische Minister, dem Gesandten von Frankreich die Versicherung gab, England werde keine Feindseligkeit beginnen. Als aber außerdem 250 französische Handelsschiffe von den Engländern ohne vorherige Kriegserklärung gekapert wurden, rief der Versailler Hof seinen Gesandten aus London ab und richtete am 21. Dezember 1755 eine Note an die englische Regierung, in der er Genugtuung und Schadensersatz verlangte „déclarant qu'Elle regarderait le refus qui en serait fait, comme une déclaration de guerre authentique" (De Flassan Bd. VI S. 35). Die Note wurde 1755 überreicht (nicht wie

Marschbefehl an seine Truppen absandte, heißt es, er sei bereit, seine Truppen unverzüglich umkehren zu lassen, wenn ihm die Kaiserin jetzt noch die Zusicherung geben wollte, ihn weder im laufenden noch im nächsten Jahre anzu-

---

Maurel S. 58 angibt, 1775). Sie ist an sich ein Ultimatum, eine bedingte Kriegserklärung; die definitive Kriegserklärung folgte am 3. Juni 1756.

1756 bemächtigten sich die Franzosen ohne Kriegserklärung Minorkas. Am 17. Mai 1756 erklärte England Frankreich den Krieg.

Diese Kriegserklärung (oder Ordonnance?) beginnt wie immer mit dem Namen des Königs: George Roi. Dann folgen die Kriegsgründe. Am Schlusse findet sich, ähnlich wie es in Frankreich der Fall war, eine Formel, die in fast allen Kriegserklärungen wörtlich wiederkehrt. Sie lautet: „C'est pourquoi nous avons jugé à propos de déclarer par les présentes la Guerre au Roi des François, qui l'a si injustement commencée; Nous reposant sur l'assistance de Dieu Tout Puissant dans notre juste entreprise, & étant assurés du prompt & cordial concours de nos Sujets pour le soutien d'une si bonne Cause; Requerant par les Prêsentes, & enjoignant au Capitaine Général de nos Armées & aux Commissaires nommés pour exécuter la Charge de Grand-Admiral de la Grande-Bretagne, aux Gouverneurs de nos Provinces, à ceux de nos Forts & Places & à tous les Officiers & Soldats sous leurs ordres, haut par Mer que par Terre, de commettre & d'exercer tous Actes d'Hostilité en poursuivant cette Guerre contre le Roi des Français, ses Vassaux & Sujets & en s'opposant à leurs attentats: Requérant & enjoignant à tous nos Sujets d'en prendre connaissance, leur défendant très expréssement d'entretenir desormais aucune correspondance ou communication soit avec le Roi des Français, on avec ses Sujets; Ordonnant en outre à nos Sujets & avertissant toutes autres Personnes de quelque Nation qu'elle soient, de ne transporter ni troupes, armes, poudres, munitions ni autres marchandises de contrebande à aucun des Territoires, Païs ou Colonies dudit Roi des François, déclarant que tous les Vaisseaux & Bâtimens qui seront pris transportant soit troupes, armes, poudre, munitions ou autres marchandises de Contrebande, aux Païs, Territoires ou Colonies dudit Roï des François seront jugés être le bonne prise.

Et comme il y a dans nos Royaumes plusieurs des Sujets du Roi des François... etc. wie oben.

Donné en nostre Cour de Kensington le 17 de Maji de l'Année 1756 & de nostre Regne la vingt-neuvième (zit. nach dem Merc. hist. 1756 Tome I p. 595).

Frankreich erließ erst am 3. Juni 1756 eine offizielle Kriegserklärung mit der üblichen Formel: „Sa Majesté ordonne et enjoint à

greifen.[21]) Gleichzeitig mit seinem Einmarsch in Sachsen veröffentlichte Friedrich ein Manifest, in dem er betonte, er

---

tous ses sujets vassaux et serviteurs de courre sus au sujet du roi d'Angleterre etc." (Actes royaux année 1756, zit. nach Maurel).

Der französische Admiral fügte dieser Kriegserklärung noch folgendes hinzu: Vû la Déclaration du Roi & les ordres y donnés d'y tenir la main, nous ordonnons aux Vice-Amiraux, Lieutenants-Généraux... & touts autres Officiers de la Marine & à qui il appartient de se conduire suivant la forme & teneur de laditte Déclaration; ordonnant en même tems aux Officiers de l'Amirauté de l'enregîtrer, faire publier & afficher où besoin sera & est de coûtume. Donné au Château de la Rivière le 10 Juin 1756. J. L. M. de Bourbon. (Merc. hist. 1756 Tom II S. 17, wo auch der Text der französischen Kriegserklärung im Wortlaut mitgeteilt ist.)

Interessant ist auch das Manifest, das der König von England im folgenden Jahre als Kurfürst von Braunschweig-Lüneburg erließ und in dem er sich darüber beklagt, daß Frankreich daraus, daß es mit ihm als König von England Krieg führe, sich für berechtigt hält, ihn auch in seinen hannoveranischen Besitzungen anzugreifen. Hierzu ist allerdings zu bemerken, daß sich die franz. Kriegserklärung nur gegen den König von England formell richtete, und nicht wie die vom Jahre 1744 die Worte Electeur de Hanovre enthielt, wodurch Frankreich damals andeutete, daß es willens war den Krieg sowohl in England als auch in Hannover zu führen (vgl. Mosers Beytr. I. Theil S. 38). In diesem Manifest heißt es: Und damit jenes (die Ansammlung von Streitkräften in Hannover) Niemand befremden od. irgendwo unpegründeten Verdacht erwecken möge; so haben Sie (Seine Koenigl. Majestät von Grossbritannien und Churfürstl. Durchlaucht zu Braunschweig-Lüneburg) nicht verfehlen wollen, vor den Augen des ganzen Reichs hiemit feyerlich zu declarieren, dass Sie, gegen irgend einen Dero höchst- und hohen Reichsmitstände und selbst die Crone Frankreich, offensive zu agiren, weit entfernet sind, und durch die Ihro abgedrungene Armatur und Vorrückung ihrer Truppen nichts anders suchen noch wünschen, als, unter göttlichem Segen, wie gedacht, feindliche Invasion u. Gewalt abzuwehren, u. dasjenige zu thun, was in einem solchen Fall, als der vorliegende, vor Gott u. Menschen recht ist, u. was die Vorsorge für die von Gott Ihro anvertraute Lande erheischet... Hanover den 23. April 1757. (Das ganze Manifest ist in Mosers Beytr. I. Theil S. 72ff. enthalten.)

[20]) (Zu S. 47.) Vgl. Mosers Beytr. Bd. I S. 217 Merc. hist. 1744 Tome I, II.

[21]) „Da ich keine Sicherheit mehr habe, weder für die Gegenwart noch für die Zukunft, so bleibt mir nur der Weg der Waffen übrig, um die Anschläge meiner Feinde zu vereiteln..., aber ich habe Selbstbeherrschung und Mäßigung genug, um auch Ausgleichs-

habe Sachsen nur provisorisch besetzt, da er seine Staaten von Polen, Frankreich, Österreich und Rußland bedroht glaube. Als er sich im Besitz des Dresdener Geheimarchivs befand und feststellen konnte, daß seine Vermutung richtig gewesen war, veröffentlichte er die Vereinbarung vom 14. und 15. Mai 1753, in der seine Gegner die Aufteilung Preußens beschlossen hatten.

Der Siebenjährige Krieg wurde durch die Unsicherheit hervorgerufen, die infolge der Vernachlässigung wesentlicher Formen der Kriegserklärung entstanden war. Die weiteren Kriegserklärungen des 18. Jahrhunderts bestätigen dieses Bild allgemeiner Verwirrung, die Horace Walpole treffend so gekennzeichnet hat: mit Spanien befinden wir uns im Kriegszustand, ohne daß es zu Feindseligkeiten mit diesem Staat kommt, während wir tatsächlich mit Frankreich Krieg führen, ohne daß zwischen uns und Frankreich vom Krieg die Rede ist. So wird auch in einer Staatsschrift von 1755 gelesen: Apparemment que, selon quelque nouveau Code Politique, qui n'est connu que de nous, cet article (die Kriegserklärung) de tout tems si essentiel pour en venir à ces extremitez, n'est plus regardé parmi nous que comme une simplicité du Vieux tems dont on se moque aujourd'hui; & que pour justifier & legitimer une guerre, il suffit, que l'on veuille & l'on soit en état de la faire... In einer französischen Schrift vom Jahre 1757 lautet es übereinstimmend dazu: Enfin la Toile est donc levée; & la première Scene de la sanglante Tragédie, que l'on annonce depuis si long-tems au Public entre les Anglois & nous vient de commencer. Nous allons (du moins nous en flattons nous) leur enlever des Villes, des Isles, des Colonies, des Provinces & peut-être des Royaumes, le tout sans aucune Déclaration de Guerre. Nouvelle Mode & inconnue à nos Pères; Mais quoi! Ne serions-nous jamais, sur ce point, que les serviles & timides

vorschläge anzuhören, sobald man sie mir machen will; denn ich habe keinen ehrgeizigen Plan noch begehrliche Wünsche; meine Schritte bezwecken nur gerechtfertigte Vorkehrungen für meine Sicherheit und meine Unabhängigkeit." Den ganzen Text der damals zwischen Preußen und Österreich gewechselten Urkunden siehe in Mosers Beytr. Bd. I S. 229ff.

imitateurs de la Gothique Antiquité? chaque Siècle; que dis-je chaque Siècle! chaque Lustre, chaque Année, chaque Saison, chaque Mois même voit naitre parmi nous des Modes nouvelles, aux quelles nous nous assujetissons les premiers; & nous avons le plaisir de voir les autres Nations, qui s'en moquent d'abord, s'y soumettre ensuite avec empressement. Pourquoi n'en aurions nous pas aussi introduit une nouvelle dans la manière de faire la guerre, qui fut toujours, qui est & qui toujours sera notre passion favorite? Les Anglois nous reprochent de l'avoir déjà introduite dans l'Amerique Septentrionale, où, depuis le dernier Traité d'Aix la Chapelle, nous leur avons, disent-ils, enlevé, en pleine Paix, plusieurs Forts. Ils ont d'abord, à cette occasion, crié comme des Aigles, à l'injustice, à l'infidelité, & même à la scélératesse! Qu'en est-il arrivé? ... Qu'après avoir bien pesté & juré contre cette nouvelle Mode, ils l'ont eux même adoptée, & introduite en Europe, où, sans prétendre étre Pirates, ils se sont mis à nous enlever depuis un ans, & sans le moindre scrupule, un nombre prodigieux de Vaisseaux Marchands, qu'ils ont déclarez de très bonne prise, & qu'ils ont retenus, comme tels, jusqu'à ce jour. Nous allons enfin leur rendre le change en Europe & leur faire aussi, de notre coté le plus de mal qu'il nous sera possible, le tout sans nous déclarer leurs ennemis, mais l'étant très effectivement. La Déclaration authentique que nous en ferions ne serait qu'une formalité de plus, qui n'ajouteroit rien à la réalité ... (zitiert nach Mosers Beytr. Bd. I S. 370).

Am 14. und 20. März 1757 ließ Frankreich dem deutschen Reichstag seine Kriegserklärung an Preußen mitteilen;[22]) darauf besetzte es mehrere preußische Provinzen. Preußen überreichte am 30. April dem Reichstag eine Note, in dem es sich über das unvermittelte Vorgehen Frankreichs beschwerte.[23])

Im August 1761[24]) erhielt der englische Gesandte von Karl III. von Spanien seine Pässe zugestellt, zu gleicher Zeit

[22]) De Flassan Bd. VI S. 76—78.

[23]) Mosers Beytr. I. Theil S. 112.

[24]) In diesem Jahre äußerte sich Pitt über die Form der Kriegserklärung dahin, daß das Kriegsrecht nicht erst von der Kriegs-

der spanische Gesandte von der englischen Regierung. Der spanische Gesandte übergab vor seiner Abreise ein „mémoire justificatif“ und verbreitete es auch unter dem englischen Volk. Sodann verbot der König von Spanien jeden Handel mit England und ordnete die Beschlagnahme der englischen Schiffe an, während die englische Regierung diese Maßnahmen längst veranlaßt hatte. Am 2. Januar 1762 erfolgte eine förmliche Kriegserklärung Englands an Spanien.[25]) Als Portugal sich weigerte, mit England zu brechen, verließen die Gesandten Spaniens und Frankreichs Lissabon und ein spanisch-französisches Heer marschierte gegen Portugal, worauf der König von Portugal am 18. Mai 1762[26]) Spanien und Frankreich den Krieg erklärte, welche Kriegserklärung mit einer Gegenerklärung beantwortet wurde.[27])

Am 30. Dezember 1777 drangen österreichische Truppen ohne Kriegserklärung in die Pfalz und Bayern ein.

Am 19. Juli 1777 veröffentlichten die Vereinigten Staaten von Amerika ihr Kriegsmanifest gegen England.[28]) Dieses antwortete nicht darauf, sondern behandelte die Amerikaner als Rebellen, was sie auch einer Kriegserklärung enthob.

Am 6. Februar 1778 schloß Frankreich einen Geheimvertrag mit den Vereinigten Staaten von Nordamerika, in dem es diesen Unterstützung im Kampf gegen England versprach. Es schickte auch eine Flotte nach Amerika, erklärte aber England nicht den Krieg, obwohl es zu mehreren Zusammenstößen zwischen Engländern und Franzosen kam.[29]) Während

---

erklärung ab in Kraft trete, sondern mit der ersten feindlichen Handlung. Doch kam es ihm damals wohl nur darauf an, die vor der Kriegserklärung gekaperten Schiffe nicht herauszugeben, sondern als gute Prise zu behalten.

[25]) Merc. hist. 1762 Tome I p. 54. Die Kriegserklärung Spaniens erfolgte am 15. Januar. (Merc. hist. 1762 p. 141.)

[26]) Nicht wie Maurel S. 61 angibt, am 28. Mai (Arch. fonds Portugal 1143—1766, Mémoires et documents 2, p. 184 43. pièce; De Flassan Bd. VI S. 495; Mercure historique et politique de 1762 Tome II p. 13).

[27]) Merc. hist. 1762 Tome II p. 19ff., 29ff.

[28]) Dessen Inhalt siehe in Mosers Beytr. I. Theil S. 206.

[29]) Mosers Beytr. I. Theil S. 79.

zwischen den beiden Staaten Noten gewechselt wurden,[30]) warteten die beiden Flotten in den Häfen von Portsmouth und Brest auf eine Gelegenheit, den Gegner zu überfallen; am 17. Juni 1778 begann der eigentliche Krieg, ohne daß es zu einer Kriegserklärung gekommen wäre.[31]) Darauf erließ jede Regierung ihre „motifs justificatifs", von denen das englische ausführt „que les hérauts, les proclamations, les manifestes ne sont jamais nécessaires et que le départ de l'ambassadeur britannique de Paris, et le message au parlament avaient suffissament fait connaitre le besoin et le dessin de repousser une injuste agression". Spanien stellte sich in diesem Krieg auf seiten Frankreichs; das Manifest, in dem es England den Krieg erklärte, war vom 17. Juni 1779 datiert.

Am 20. Dezember 1787 überfiel Josef II. von Österreich Belgrad; erst als der Überfall mißlang, erklärte er am 19. Februar 1788 dem Sultan den Krieg.[32])

Am 20. Juni 1780 kam es zu einem Protest Frankreichs, Preußens, Hollands, Schwedens und Rußlands gegen England, in dem gegen das Vorgehen Englands und namentlich seine Vernachlässigung jeder Form der Kriegserklärung Beschwerde erhoben wurde, eine Beschwerde, die 1800 von Dänemark, Rußland und Schweden erneuert wurde. Freilich kam dieser Protest zu spät, denn die Übermacht Englands zur See war bereits fest begründet und durch Proteste nicht mehr zu erschüttern. —

Der französischen Revolution wird von zahlreichen Autoren eine besonders große Bedeutung für die Entwick-

---

[30]) Mercure historique et politique de 1779 und De Flassan Bd. VII S. 166ff.

[31]) Arch. fonds des Etat-Unis 1767—1795 Mémoires et documents 2, p. 134, 25. pièce.

[32]) Sorel L'Europe et la Révolution française, Paris 1887 Bd. I p. 521. Die Türkei ihrerseits hatte am 13. August 1787 den russischen Minister in Konstantinopel im Schloß der sieben Türme eingesperrt. Doch scheint es sich dabei mehr um eine Folge, als um eine Erklärung des Krieges zu handeln, obwohl die meisten Autoren in diesem Verfahren die in der Türkei übliche feierliche Form der Kriegserklärung zu erkennen glauben.

lung der Kriegserklärung zugeschrieben.[33]) In Wahrheit ist ihre Einwirkung aber nur eine mittelbare, insofern sie nämlich durch die Einführung der Mitwirkung der Parlamente ein neues Moment der Öffentlichkeit in die Kriegserklärung hineingetragen hat. So verlas Ludwig XVI. am 20. April 1792 in der Nationalversammlung ein Dekret[34]) und beantragte den Krieg gegen den König von Böhmen und Ungarn zu erklären, worauf die Nationalversammlung beschloß: „que la guerre était déclarée par la France au roi de Bohème et de Hongrie". Darauf wurde de Noailles, der französische Botschafter in Wien, abberufen, nachdem er vorher von seiner Regierung beauftragt war, Österreich die Kriegserklärung mitzuteilen.[35]) Daß ein solcher interner Vorgang, wie ihn die Beschlußfassung eines Parlaments darstellt, eine unmittelbare völkerrechtliche Bedeutung nach außen haben sollte, entsprach zwar einer 1779 von der englischen Regierung vertretenen Auffassung (vgl. oben), er kann aber in Wahrheit auch nach den damals geltenden völkerrechtlichen Anschauungen nicht als formelle Kriegserklärung betrachtet werden.

Abgesehen von dieser Einwirkung, die in der Beschlußfassung der Parlamente über die Kriegserklärung liegt, weisen die weiteren Kriegserklärungen des 18. Jahrhunderts keine Besonderheiten auf;[36]) namentlich trägt auch die erste französische Republik keine Bedenken, die Feindseligkeiten ohne

---

[33]) Vgl. darüber M. Marc. Dufraisse, Histoire du droit de guerre et de paix de 1789 à 1815, Paris 1867, nach Maurel a. a. O. S. 71 ging die Kriegserklärung jetzt folgendermaßen vor sich: die assemblée erwog die Frage der Kriegserklärung und erließ bejahendenfalls ein Dekret, das nach Ansicht der damaligen französischen Regierung mit seiner Verkündung völkerrechtliche Wirkungen äußerte.

[34]) Das Dekret war von Dumouriez verfaßt, über seinen Inhalt siehe De Flassan Bd. VII S. 506.

[35]) Sorel Bd. II p. 257.

[36]) Am 26. Juni 1792 veröffentlichte Preußen ein Manifest, in dem Frankreich der Krieg erklärt wurde. Die Kriegserklärung war von dem preußischen Minister (Schulenburg) dem französischen Gesandten (Custine) mitgeteilt worden (Sorel Bd. II p. 450). Ludwig XVI. schickte der Nationalversammlung eine Mitteilung davon,

Kriegserklärung zu eröffnen und eine Kriegserklärung oft längere Zeit nach dem Beginn der Feindseligkeiten folgen zu lassen.

---

worauf diese sofort den Krieg gegen Preußen beschloß (De Flassan Bd. VII S. 512).

Am 20. September 1792 wurde Savoyen und die Grafschaft Nizza, einige Zeit später auch Genf ohne vorherige Kriegserklärung von französischen Truppen besetzt.

Am 1. Februar 1793 erließ der Nationalkonvent das Dekret „que la république française est en guerre avec le roi d'Angleterre ennemi du genre humain et le stathouder de Hollande"; am 6. Februar 1793 erhielt Dumouriez den Befehl, die Offensive gegen Holland zu ergreifen. Am 7. März 1793 beschloß der Nationalkonvent den Krieg gegen Spanien, doch hatte der französische General Servan bereits am 5. März den Befehl erhalten, die Feindseligkeiten zu eröffnen.

Am 18. September 1793 erklärte England Holland den Krieg, nachdem es sich bereits vorher des Kaps der guten Hoffnung und der Insel Ceylon bemächtigt hatte; die batavische Republik antwortete erst im Mai 1796 mit einer Kriegserklärung.

1796 beginnt Frankreich ohne vorherige Erklärung die Feindseligkeiten gegen den Kirchenstaat Neapel, Toscana, Genua, Parma und Modena. Im gleichen Jahre wurde Venezien ohne vorherige Erklärung von Österreichern und Franzosen besetzt und aufgeteilt. Erst als nachträglich Unruhen ausbrachen, erklärte Napoleon am 18. April 1797 den Krieg.

1798 wurde die Schweiz und Piemont von den Franzosen überfallen. Im gleichen Jahre bemächtigte sich Bonaparte der Insel Malta, wobei er den Großmeister des Malteserordens erst im Augenblick des Angriffs von seiner Absicht in Kenntnis setzte.

Am 1. August 1799 landete Napoleon ebenfalls ohne vorherige Kriegserklärung in Ägypten und unterwarf die ganze Provinz. Erst am 1. September 1789 erfolgte die Kriegserklärung der Türkei an Frankreich, und der französische Gesandte wurde nach dem Schloß der sieben Türme gebracht.

Im gleichen Jahre erklärte Frankreich Preußen und Rußland durch ein Ultimatum den Krieg (Sorel Bd. II S. 257).

§ 4.

Das 19. Jahrhundert.

Bei den Autoren des 19. Jahrhunderts machen sich drei Ansichten über die Kriegserklärung geltend:[1]) die einen halten sie für überflüssig, die andern für notwendig, nach einer dritten vermittelnden Meinung, ist zwar keine formelle Kriegserklärung erforderlich, muß aber der Wille, Krieg zu führen, irgendwie deutlich in die Erscheinung treten.

Die erste Ansicht, nach der die Kriegserklärung überflüssig ist, wird verschieden begründet. Zahlreiche Autoren, wie Halleck,[2]) Wheaton,[3]) A. Hall,[4]) Vildman,[5]) J. Reddie,[6]) J. Kent,[7]) E. Holland,[8]) J. F. Maurice,[9]) verweisen einfach auf die Praxis der letzten Jahrhunderte, nach der in der Regel keine Kriegserklärung erfolgt ist. Nach Johann Ludwig Klüber[10]) ist die Kriegserklärung nur dann erforderlich, wenn sie ausdrücklich vertragsmäßig ausbedungen war, im übrigen bemerkt Klüber vorsichtig: „ein nicht erklärter Krieg braucht nicht deshalb ein Raubkrieg zu sein.“ In ähnlicher Weise faßt Ullmann[11]) die Kriegserklärung auf, obwohl er hervorhebt, daß er sie aus Zweckmäßigkeitsgründen für dringend geboten erachtet. Außer den genannten Autoren halten die Kriegserklärung für nicht notwendig:

---

[1]) Vgl. E. Nys: Le droit international 1906 Bd. III I. Teil Kap. II S. 113.

[2]) International law, 1893.

[3]) Element of international law, Leipzig 1874.

[4]) Treatise on international law 1895 („It is needless to say that no one asserts such quixotism to be obligatory“!).

[5]) Institutes of international law, London 1850.

[6]) Researches historical and critical in maritime international law, Edinburg 1844.

[7]) Commentaries on American law, Boston 1876.

[8]) Studies on international law, Oxford 1898.

[9]) Hostilities without declaration, London 1883.

[10]) Europäisches Völkerrecht, 2. Aufl., herausgegeben von C. E. Morstadt, Schaffhausen 1851.

[11]) Ullmann, Völkerrecht, Tübingen 1908, S. 472—73.

Travers-Twiss,[12]) Calvo,[13]) Pradier-Fodéré,[14]) Fernand Giraud,[15]) Phillimore,[16]) Lueder,[17]) A. Zorn,[18]) Rivier,[19]) Friedrich von Martens,[20]) Rolin[21]) und Pillet.[22]) Doch erkennen Klüber, Travers-Twiss und Phillimore die Verpflichtung des kriegsführenden Staates an, wenigstens die Neutralen zu benachrichtigen.

Die Kriegserklärung halten für rechtlich notwendig: Bluntschli,[23]) A. W. Heffter,[24]) P. Resch,[25]) H. Brocher de la Fléchère,[26]) Hautefeuille,[27]) Emerigon,[28]) Gérard de Rayneval,[29]) Ortolan,[30]) Bonfils-Fauchille.[31])

Eine vermittelnde Meinung vertreten: Bruyas,[32]) der

---

[12]) The law of nations, Oxford und London 1863.

[13]) Le droit international, Paris 1887.

[14]) Traité de droit international, 1894.

[15]) Des hostilités sans déclaration de guerre in der Revue de droit international et de legislation comparée, 1885.

[16]) Commentaries upon international law, London 1885.

[17]) Holtzendorff, Handbuch des Völkerrechts 1889 Bd. IV. Lueder gibt als Grund der Überflüssigkeit der Kriegserklärung an, daß bei der Öffentlichkeit der Parlamentsverhandlungen ein Überfall heute nicht mehr denkbar sei.

[18]) Grundzüge des Völkerrechts 2. Aufl., Leipzig 1903 S. 249.

[19]) Principes du droit des gens, Paris 1896.

[20]) Völkerrecht, deutsche Ausgabe von C. Bergbohm, Berlin 1886.

[21]) La guerre actuelle in der Revue de droit international, 1870.

[22]) Le droit de la guerre, Paris 1892.

[23]) Das moderne Völkerrecht, Nördlingen 1872.

[24]) Das europäische Völkerrecht, 8. Aufl., bearbeitet von J. H. Geffken, Berlin 1888.

[25]) Das europäische Völkerrecht, Graz und Leipzig 1885, S. 210/211.

[26]) Les Révolutions du droit Bd. II, Paris 1882, S. 85, 87ff.

[27]) Des droits et de devoirs des nations neutres, Paris 1868.

[28]) Traité des assurances, Paris 1827.

[29]) Institutions du droit de la nature et des gens, Paris 1832.

[30]) Règles internationales et diplomatie de la mer.

[31]) Manuel de droit international public, 1894.

[32]) De la déclaration de guerre 1899: „Laissons les Etats juges du mode qu'il leur convient d'employer. La forme importe peu; l'essentiel c'est qu'ils n'aient point de surprise les uns à l'egard des autres... Aussi suffit-il pour la régularité de la déclaration, d'un acte quelconque ne laissant place à aucune équivoque."

es für das allein wesentliche erklärt, daß der Gegner nicht überfallen werde, so daß jeder Akt und jedes Verhalten, welches einen solchen Überfall ausschließe, die Kriegserklärung ersetze. Ähnlich äußern sich Piédelièvre[33]) und Martens.[34])

Die Praxis dieses Jahrhunderts steht trotz der Gegensätze in der Theorie in auffallendem Gegensatz zur Praxis des 18. Jahrhunderts, ausgenommen England, das auch jetzt noch bei der bisherigen Übung überraschender Überfälle bleibt[35]) und wegen seines silver streek of sea nicht gezwungen werden kann, davon abzulassen.

Doch hatten die Bestrebungen der Liga der bewaffneten Neutralität, die 1800 gegründet wurde, um der Willkür Englands zu begegnen,[36]) insofern Erfolg, als 1856 auf dem

[33]) Précis de droit international, Paris 1895.

[34]) Vgl. Journal du droit international privé et de la jurisprudence comparée, Paris 1904.

[35]) Am 19. Februar 1807 erzwang eine englische Flotte den Durchgang durch die Dardanellen, obwohl der Sultan allen Forderungen Englands und Rußlands bereits am 15. Oktober 1806 zugestimmt hatte.

Im Jahre 1807 okkupierten englische Truppen ohne vorherige Ankündigung die bisher holländische Insel Curaçao.

Im August 1807 blockierte eine englische Flotte die Insel Zealand. Als die englische Flotte erschien, verlangte der englische Geschäftsträger am dänischen Hof die Auslieferung der ganzen dänischen Flotte. Nachdem dieses Verlangen abgewiesen war, bombardierten die Engländer Kopenhagen, bis die dänische Flotte übergeben wurde.

Der russisch-englische Krieg 1807 wurde am 7. November 1807 durch eine Kriegserklärung Rußlands eröffnet, bereits am 4. November waren dem englischen Gesandten seine Pässe zugestellt worden. 1810 griff England Schweden ohne vorherige Kriegserklärung an. Interessant ist das Urteil englischer Richter, die erklärten, es sei nicht einzusehen, warum englische Untertanen nicht ihre Geschäftsbeziehungen mit Schweden aufrechterhalten sollte, da keine Kriegserklärung erfolgt sei (R. Phillimore a. a. O. S. 109).

[36]) Im September 1800 hatte Kaiser Paul von Rußland 200 englische Schiffe beschlagnahmt und zwar ohne vorherige Erklärung, um sich für die Eroberung Maltas zu rächen.

Als Antwort auf die Gründung der Liga für bewaffnete Neutralität beschlagnahmte England am 14. Januar 1801 die Schiffe

Pariser Kongreß die Regeln der Neutralität anerkannt wurden. Überhaupt tritt in dieser Zeit das Bedürfnis nach größerer Rechtsklarheit auf, zumal in dem Code civil Napoleons an den Eintritt des Krieges eine Reihe privatrechtlicher Folgen geknüpft war. Dazu kommt, daß sich in diesem Jahrhundert eine stärkere Solidarität unter den Staaten bemerkbar macht und mit dem Anwachsen des internationalen Verkehrs auch das Interesse an einer Regelung der praktisch-wichtigen Fragen der Kriegserklärung wuchs.

Für die hier zunächst interessierenden Kriege Napoleons kommt als besonderes psychologisches Moment außerdem noch in Betracht, daß der Kaiser allmählich immer größeren Wert auf die Wiederbelebung höfischer Formen legte. Nach Thiers[37]) hat Napoleon keinen größeren Feldzug begonnen, ohne vorher eine friedliche Beilegung angeboten zu haben. So schrieb er noch als erster Konsul vor dem Feldzug von 1800 am 26. Dezember 1799 zwei berühmt gewordene Briefe an den König von England und den deutschen Kaiser, die eine Aufforderung zum Frieden und keine Herausforderung zum Kampfe enthielten, allerdings abschlägig beantwortet wurden. Der französisch-englische Krieg 1802, der durch Zurückhaltung französischer Schiffe und die Abberufung des englischen Botschafters aus Paris veranlaßt wurde, begann

---

sämtlicher Mächte, die an der Liga beteiligt waren, entsandte eine Flotte nach der Ostsee, vernichtete die dänische Flotte und landete Truppen in Schweden und Dänemark, obwohl die Mitglieder der Liga erklärt hatten, sie hegten keine feindliche Absicht gegen England.

1804 überfiel eine englische Flotte spanische Schiffe, während zwischen den beiden Regierungen noch Verhandlungen schwebten. In dem Manifest, das die spanische Regierung daraufhin am 12. Dezember 1804 erließ, wurde dieses Vorgehen als ein „scheußliches Verbrechen, das auf den barbarischen Befehl einer treulosen Regierung begangen sei“, bezeichnet. Übrigens hieß das englische Oberhaus dieses Vorgehen der Regierung mit 113 gegen 36 Stimmen gut. Im Unterhaus stellte Fox die Frage, ob eine Nation den Krieg ohne vorherige Erklärung beginnen könne, wenn ein genügender Kriegsgrund vorhanden sei. Die Frage wurde mit 313 gegen 106 Stimmen bejaht.

[37]) Histoire de l'Empire, Paris 1867, Bd. XXV S. 38.

mit einer Kriegserklärung Napoleons vom 17. Mai 1802. Der Krieg gegen Österreich 1805 wurde nach längeren Verhandlungen und nach Ablehnung des österreichischen Vorschlags zu einem Schiedsspruch, am 6. September 1805 durch den Einmarsch österreichischer Truppen in Bayern eröffnet, wobei zu beachten ist, daß Napoleon erklärt hatte, er werde einen Angriff auf Bayern als eine Kriegserklärung gegen Frankreich ansehen. Der preußisch-französische Krieg 1806 wurde in der Weise eingeleitet, daß der preußische Gesandte am 1. Oktober 1806 in Paris ein Ultimatum überreichte und die unverzügliche Zurückziehung der französischen Truppen diesseits des Rheins verlangte. In dem Ultimatum war eine Frist bis zum 8. Oktober gestellt. Während die Frist noch lief, drangen preußische Truppen in Sachsen ein, obwohl Napoleon erklärt hatte, er werde das als feindlichen Akt gegen Frankreich betrachten; Napoleon drang daher ohne zu antworten, ebenfalls sofort in Sachsen ein und lieferte bereits am 8. Oktober die erste Schlacht. Am 7. Oktober hatte der preußische König ein Manifest zu seiner Rechtfertigung veröffentlicht. Am 20. Oktober 1807 erklärte Napoleon Portugal förmlich den Krieg, am 26. Oktober England.[38]) — Der österreichisch-französische Krieg 1809 wurde am 10. April durch Eröffnung der Feindseligkeiten seitens Österreichs begonnen, doch blieb der österreichische Gesandte Metternich bis zum 26. Mai 1809 auf seinem Posten.

Der Krieg 1812 begann mit der Abberufung des französischen Gesandten und der sofortigen Eröffnung der Feindseligkeiten durch Napoleon; der Zar Alexander schob in einer Proklamation dem französischen Kaiser die Schuld am Kriege zu. Preußen erklärte unter dem 16. März 1813 Frankreich den Krieg, doch wurde die Erklärung dem französischen Botschafter erst am 17. März und durch den preußischen Gesandten in Paris dem kaiserlichen Hof erst am 27. März mitgeteilt. Die österreichische Regierung ließ ihre Kriegserklärung am 12. August 1813 in Paris überreichen. —

Im übrigen ist die Zeit von 1815—1850 für die Entwick-

[38]) Arch. fonds Russie 1789—1828 Bd. XXXV p. 306 53. pièce.

lung der Kriegserklärung ohne besonderes Interesse, zumal nur unbedeutende Kriege stattfanden.[39])

Seit der Mitte des 19. Jahrhunderts geht den wichtigeren Kriegen eine Kriegserklärung wenigstens in Form eines Ultimatums voraus. Diese Kriege der letzten Hälfte des 19. Jahrhunderts sind für die juristische Betrachtung der Kriegserklärung von Bedeutung und sollen daher einzeln aufgeführt werden:

Am 5. Mai 1853 überreichte der russische Botschafter dem Sultan ein Ultimatum mit fünftägiger Frist. Die Türkei antwortete am 10. Mai abschlägig, worauf der russische Minister des Äußern am 31. Mai eine neue achttägige Frist

---

[39]) 1815 marschierte Murat in den Kirchenstaat ein trotz der Gegenvorstellungen des Papstes und griff die Kaiserlichen ohne jede Kriegserklärung an.

Am 2. Mai 1815 erließ Ferdinand VII. von Spanien ein beredtes Manifest gegen Napoleon, in dem er die Notwendigkeit des Krieges darlegte.

1823 wurde ein spanisches Schiff von Frankreich ohne vorherige Kriegserklärung gekapert.

1828 begann Frankreich die Feindseligkeiten gegen die Türkei ohne Kriegserklärung. Am 14. April 1828 veröffentlichte Nikolaus I. von Rußland ein Manifest gegen die Türkei, worin er die Beschlagnahme türkischer Schiffe anordnete. Danach erklärte er den Krieg und erließ eine Proklamation an die Völker der Moldau und Walachei.

1830 begann Frankreich den Krieg gegen Algier, nachdem der Gegner jede Genugtuung verweigert hatte.

1831 unternahmen Frankreich und England einen Streifzug gegen Portugal und beschlagnahmten portugiesische Schiffe ohne vorherige Kriegserklärung.

1832 bemächtigten sich die Franzosen der Stadt Ancona, behaupteten aber, die freundschaftlichen Beziehungen zwischen Frankreich und dem Kirchenstaat würden dadurch nicht berührt. Im gleichen Jahr ging Frankreich mit England gemeinschaftlich, ohne vorherige Kriegserklärung, gegen Holland vor.

1836 besetzten Preußen, Österreich und Rußland die freie Republik Krakau, während die Verhandlungen mit dem Senat noch schwebten.

1848 ließ der König von Piemont seine Truppen zu den gegen Österreich kämpfenden Italienern stoßen, ohne Österreich den Krieg zu erklären.

1848 drangen preußische Truppen am 6. April in Holstein ein, während der dänische Minister noch in Berlin war.

setzte, mit dem Bemerken, daß die russischen Truppen die Grenze überschreiten würden, wenn keine genügende Antwort erfolgte. Hierauf antwortete die Türkei am 11. Juni abschlägig; am 27. Juni veröffentlichte der Zar ein Manifest gegen die Türkei; am 3. Juli überschritten russische Streitkräfte den Pruth. Damit hatten die Feindseligkeiten begonnen, obwohl die Türkei noch zu verhandeln suchte. Frankreich und England griffen in der Weise in den Krieg ein, daß die englische Flotte am 1. Januar 1854 in das Schwarze Meer einlief, worauf die russische Regierung protestierte und die russischen Gesandten in Paris und London ihre Pässe verlangten. Am 27. Februar schickte die französische und englische Regierung ein Ultimatum, in dem die Räumung der Moldau und Walachei bis zum 30. April verlangt wurde, mit dem Bemerken, daß eine verneinende Antwort oder das Schweigen des Zaren den Krieg zwischen England und Frankreich und Rußland bedeuten würde. Drei Tage später wurden den noch in Rußland weilenden französischen und englischen Konsuln von der russischen Regierung mitgeteilt, daß der Zar keine Antwort gebe; gleichzeitig erschien ein russisches Manifest. Am 27. März eröffnete der Staatsminister in Paris dem Corps legislatif, daß man sich nach Ablehnung des Ultimatums mit Rußland im Kriegszustand befinde.[40]) Die Eröffnung der Feindseligkeiten wurde dann noch offiziell in London bekanntgegeben; darauf erst begannen die Feindseligkeiten.

Der Krieg von 1859 gegen Österreich begann mit einem österreichischen Manifest, in dem Österreich von Sardinien verlangte, daß das Sardinische Heer wieder auf Friedensstärke gebracht und die italienischen Freiwilligen entlassen

[40]) „Le cabinet de Saint-Petersbourg avant décidé qu'il ne répondrait pas à la communication précédente (das Ultimatum) l'Empereur me charge de vous faire connaître cette résolution, qui constitue la Russie avec nous dans un état de guerre dont la responsabilité toute entière incombe à cette puissance".

Der Text der französischen Kriegserklärung ist mitgeteilt im Recueil de traités de France de Clercq Bd. VI S. 426; der Text der englischen Kriegserklärung findet sich bei Martens Nouveau recueil général des traités Bd. XV S. 552.

würden. Das Manifest übergab der österreichische Gesandte am 23. April; er hatte den Auftrag, drei Tage auf eine Antwort zu warten. Am 26. April antwortete Cavour ablehnend. Am 28. April erließ der Kaiser von Österreich ein Manifest an seine Völker, in dem er ankündigte, seine Heere hätten den Befehl erhalten, in Piemont einzumarschieren. Napoleon III. erließ am 3. Mai ein Manifest, das so beginnt: „L'Autriche, en faisant pénétrer son armée sur le territoire du roi de Sardaigne nous a déclaré la guerre". Doch sollen nach dem von Österreich veröffentlichten Manifest französische Truppen bereits in Piemont eingerückt sein, als der Wiener Hof noch eine Antwort auf sein Anerbieten erwartete.[41]) —

Am 16. Januar 1864 forderten Preußen und Österreich gemeinschaftlich Dänemark auf, die Novemberkonstitution innerhalb 48 Stunden[42]) zurückzunehmen, insoweit sie sich auf Schleswig bezog. In dem Ultimatum hieß es, daß, wenn dem Begehren nicht Folge geleistet würde, Preußen und Österreich Schleswig als Pfand nehmen und die österreichischen und preußischen Gesandten ihre Pässe fordern würden.

---

[41]) Die österreichische Regierung rechtfertigte den Übergang über den Tessin mit diesen Maßnahmen der Franzosen, nicht etwa mit dem Verhalten Sardiniens.

1860 drang Garibaldi ohne Kriegserklärung in das Königreich beider Sizilien und nahm im Oktober Neapel. Am 9. Oktober erließ Viktor Emanuel ein Manifest, in dem er dies Vorgehen rechtfertigte.

1860 waren Franzosen und Engländer von Chinesen angegriffen worden. Da die Pekinger Regierung ihr Genugtuung verweigerte, richtete die französische Regierung am 19. März ein Ultimatum an sie, in dem es hieß, daß die Nichtannahme des Ultimatums den Beginn der Feindseligkeiten bedeuten würde. Drei Tage später landeten französische Truppen in China. (Moniteur Universel, 14. September 1859).

Der französischen Expedition gegen Mexiko ging nur der Abbruch der diplomatischen Beziehungen voraus. Doch teilten französische Kommissare Juarez den demnächstigen Beginn der Feindseligkeiten mit.

[42]) Nicht 24 Stunden, wie Maurel will, siehe Ludwig Hahn, Fürst Bismarck, Berlin 1878 Bd. I S. 189; W. D. Geisberg, Bismarck und das Kriegsvölkerrecht, Bonner Dissertation 1913, S. 10.

Am 21. Januar erklärte die dänische Regierung in Paris, St. Petersburg, London und Stockholm, daß sie der Forderung nicht nachgeben würde. Am 20. Januar hatte der preußische Feldmarschall Wrangel den dänischen Befehlshaber aufgefordert, die Herzogtümer zu räumen; als das nicht geschah, überschritt er am 1. Februar die Grenze.

Dem Kriege zwischen Preußen und Österreich 1866 ging eine Zirkularnote Bismarcks vom 15. Juni 1866 voraus,[43]) in der er die Verletzung des Gasteiner Vertrags durch Österreich anzeigte. Dann heißt es weiter, daß nach den eingezogenen Erkundigungen der Entschluß Österreichs, mit Preußen Krieg zu führen, feststehe. Vorher hatte der General von Manteuffel, der das Heer in Schleswig-Holstein befehligte, den Befehl erhalten, in Holstein einzurücken.[44]) Gleichzeitig aber schickte Bismarck ein Ultimatum an Sachsen, Hannover und Hessen und forderte sie auf, binnen 12 Stunden („bis morgen früh um 3 Uhr")[45]) ihre Heere wieder auf Friedensstärke zu bringen, mit dem Bemerken, daß jede Verzögerung oder ausweichende Antwort als Ablehnung betrachtet würde und Preußen sich mit dem ablehnenden Staat als im Kriege befindlich betrachte. Als Antwort baten die genannten Staaten Österreich und Bayern um Hilfe. Am 16. Juni begannen die Feindseligkeiten.[46]) Italien, dessen Gesandten Bismarck erklärt hatte, „daß mit dem ersten Kanonenschuß, der in Sachsen abgefeuert werde, wo man auf Österreicher stoßen werde, der Krieg erklärt sei", schickte einige Tage, bevor das italienische Heer den Mincio über-

---

[43]) Am 12. Juni hatte Österreich seine diplomatischen Beziehungen mit Preußen abgebrochen, indem der österreichische Gesandte in Berlin seine Pässe verlangte. v. Poschinger, Bismarck und die Diplomatie, 1900, S. 208.

[44]) Der österreichische Gesandte berief sich am 12. Juni auf diesen Einmarsch Manteuffels in Holstein.

[45]) Heinrich v. Poschinger, Fürst Bismarck und die Diplomaten, Hamburg 1900, S. 211.

[46]) Nach Geisberg a. a. O. S. 11 lag bereits in dem Einrücken der preußischen Truppen in Holstein (unter Manteuffel) die Kriegserklärung.

schritt, ebenfalls eine Kriegserklärung an Österreich. Am 17., 18. und 20. Juni erließen die Herrscher von Österreich, Preußen und Italien Manifeste an ihre Völker.

Dem deutsch-französischen Kriege 1870 ging eine Kriegserklärung Frankreichs an Preußen vom 19. Juli 1870 voraus,[47]) die der französische Gesandte um 1½ Uhr[48]) nachmittags in Berlin überreichte, worauf Bismarck sie noch an demselben Tage im Reichstag vorlas. Am gleichen Tage setzte eine Depesche die Vertreter des Norddeutschen Bundes davon in Kenntnis.[49]) Den übrigen Mächten wurde die neue Sachlage durch Noten Frankreichs mitgeteilt.

Am 29. April 1877[50]) erklärte Rußland der Türkei den Krieg, indem die russische Regierung dem türkischen Botschafter in St. Petersburg die Kriegserklärung überreichte.[51]) An demselben Tage veröffentlichte der Zar ein Manifest und wurden die übrigen Gesandten davon in Kenntnis gesetzt, daß der Beginn der Feindseligkeiten unmittelbar bevorstehe.

---

47) Sie war nur gegen Preußen gerichtet, nicht wie es hätte der Fall sein sollen, gegen alle Mitglieder des Norddeutschen Bundes. Infolgedessen begann der Krieg mit diesen durch Eröffnung der Feindseligkeiten (vgl. Rehm: Die völkerr. Stellung der Verbündeten S. 118).

48) Poschinger S. 290.

49) Die französische Kriegserklärung endigte mit den Worten: „En conséquence, le gouvernement français, croyant de son devoir de veiller immédiatement à la défense de son honneur et de ses intérêts lésés à résolu de prendre toutes les mesures nécessitées par la situation qui lui est faite et se considère dès à présent en état de guerre avec la Prusse.“

50) 1876 wurde im Kriege Serbiens und Montenegros gegen die Türkei am 28. Juni ein Ultimatum an die Pforte gerichtet, am 2. Juli erließ Montenegro eine Kriegserklärung, die so endigte: „La situation des relations équivoques toujours tendues fera place dès aujourd'hui à la situation plus nette des hostilités déclarées.“ (Nouveau Recueil général des traités Bd. III S. 318.)

51) Sie lautete: „L'entente, en vue d'une pacification désirable de l'Orient, n'ayant pas abouti l'empereur so voit obligé, à regret, de recourir à la force des armes. La Russie se considère comme en état de guerre avec la Turquie; la première conséquence est la cessation des relations diplomatiques entre les deux pays.“ (Nouveau Recueil Bd. III S. 190).

Im Jahre 1894[52]) richtete Japan ein Ultimatum an China; als dieses statt der Antwort neue Schiffe und Truppen nach Korea schickte, veröffentlichte Japan am 1. August seine offizielle Kriegserklärung. Doch hatte bereits am 25. Juli ein japanisches Schiff ein chinesisches Transportschiff versenkt.

Am 18. April 1897 ließ der Sultan der Türkei der griechischen Regierung eine formelle Kriegserklärung überreichen. Doch waren bereits am 29. März die Feindseligkeiten durch griechische Freischaren, die in Mazedonien einbrachen, eröffnet worden.

Am 20. April 1898 richteten die Vereinigten Staaten von Amerika ein Ultimatum an Spanien mit einer dreitägigen

---

[52]) 1878 schickte der Vizekönig von Indien ein Ultimatum an den Emir von Afghanistan; da die darin festgesetzte Frist am 20. abgelaufen war, rückten am 21. englische Truppen über die Grenze.

1878 begann der Krieg zwischen Peru und Bolivia ohne vorherige Ankündigung von seiten Perus, während Bolivia eine Note erlassen hatte, die einer Kriegserklärung gleichkam.

1883 begann der französisch-chilenische Krieg ohne vorherige Ankündigung.

1885 begann der serbisch-bulgarische Krieg in der Weise, daß der griechische Geschäftsträger in Sofia am 14. November um 10 Uhr morgens der bulgarischen Regierung die Erklärung Serbiens überreichte, die den Beginn der Feindseligkeiten auf denselben Tag festsetzte. Doch überschritten bereits um 6 Uhr morgens serbische Truppen die bulgarische Grenze.

1894 erfolgte ein Ultimatum Frankreichs an die Königin der Hovas Ranavalo. Am 10. Oktober weigerte sich der hovanische Minister, den französischen Spezialdelegierten zu empfangen, worauf dieser seine Forderung schriftlich mitteilte und eine achttägige Frist setzte. Am 26. Oktober erteilte der hovanische Minister eine abschlägige Antwort. Am andern Tage verließ der französische Delegierte die Hauptstadt, setzte den englischen Konsul und den norwegischen Residenten von der Sachlage in Kenntnis und ließ dem hovanischen Minister sagen, er sei bereit, noch bis zu seiner Abfahrt von der Insel Vorschläge entgegenzunehmen. Am 12. Oktober nahmen die Franzosen Tan-a have ein (Livre jaune affaire de Madagascar 1885—1895 No. 56).

1897 begann der italienisch-abessinische Krieg ohne Kriegserklärung.

Frist zur Antwort. Da Spanien die Annahme des Ultimatums verweigerte, begannen die Feindseligkeiten sofort; am 21. April wurde die Blockade der kubanischen Küste offiziell proklamiert; acht Stunden später kreuzte die Flotte der Vereinigten Staaten bereits an der Küste.

Dem Krieg zwischen England und Transval ging ein formgerechtes Ultimatum voraus, das die Republik der englischen Regierung vorlegen ließ. Als die darin angegebene Frist abgelaufen war, gingen die Truppen der Republik über die Grenze. Gleichzeitig erließ der Präsident des Oranjestaats ein Manifest, in dem er den Burg-hers den Krieg mit England anzeigte, ohne das Manifest oder die Kriegserklärung der englischen Regierung zu notifizieren.

§ 5.

Das 20. Jahrhundert (bis 1914).

Für die theoretische Betrachtung der Kriegserklärung kann für das 20. Jahrhundert im allgemeinen auf die Autoren des vorigen Jahrhunderts verwiesen werden. Noch mehr als bisher tritt jetzt der Gesichtspunkt auf, daß es sich bei der Frage der Kriegserklärung um eine rein utilitaristische Angelegenheit, nicht mehr um Erwägungen der Ritterlichkeit handelt. Von diesem Gesichtspunkt aus entscheiden sich Pillet,[1]) Maurel[2]) und Nys[3]) für die allgemeine Aufnahme der Kriegserklärung. Oppenheim[4]) hält die Kriegserklärung nicht für unbedingt erforderlich, vielmehr genügt es ihm, wenn vor dem Kriegsbeginn Verhandlungen stattgefunden haben; doch erklärt er einen unvermittelten Überfall, der ohne den Versuch friedlicher Beilegung erfolgt, für völkerrechtswidrig. Nach F. v.

[1]) Revue politique parlamentaire 1904. Les lois actuelles de la guerre 1901. Doch geben Pillet und Maurel auch den Anstand und die loyale Gesinnung als Grund für die Notwendigkeit der Kriegserklärung an. Vgl. auch Annuaire de l'Institut de droit international. 21. Bd. September 1906 S. 43ff.

[2]) a. a. O. S. 371.

[3]) Le Droit International Bd. III 1906.

[4]) International law, 1905 Bd. II.

Liszt[5]) war bis 1907 nach bisherigem Gewohnheitsrecht eine formelle Kriegserklärung nicht unbedingt erforderlich;[6]) erst seit dem III. Haager Abkommen, 1907, müßten den Feindseligkeiten unter den Vertragsmächten entweder eine mit Gründen versehene Kriegserklärung oder ein Ultimatum mit bedingter Kriegserklärung vorausgehen.

Das Haager Abkommen wurde ratifiziert von Deutschland, den Vereinigten Staaten von Amerika, Österreich-Ungarn, Bolivia, Dänemark, Großbritannien, Mexiko, die Niederlande, Rußland, Salvador und Schweden; nachträglich sind noch beigetreten: Nicaragua, China, Haiti, Siam, Schweiz, Belgien, Norwegen, Frankreich, Guatemala, Panama, Portugal, Japan und Rumänien. Nach Artikel I dieses Abkommens erkennen die Vertragsmächte an, daß die Feindseligkeiten unter ihnen nicht beginnen dürfen, ohne eine vorausgehende unzweideutige Benachrichtigung, die entweder die Form einer mit Gründen versehenen Kriegserklärung oder die eines Ultimatums mit bedingter Kriegserklärung haben muß.[7]) Andere Punkte

---

[5]) Das Völkerrecht, Berlin 1913.

[6]) Ebenso der Jonkheer den Beer Portugael in seiner Rede in den Actes et Documents Tome III S. 166.

[7]) Die Vorarbeiten zu dem Abkommen sind in der Session de Gand gemacht worden (September 1906). Dort stellte das Institut de droit international folgende Fragen an seine Mitglieder: 1. Ist eine ausdrückliche Kriegserklärung nach gegenwärtigem positivem Recht zum Beginn der Feindseligkeiten noch unbedingt nötig? Herr Dupuis antwortete darauf, daß nach dem gegenwärtigen Stand des internationalen Rechts und nach den internationalen Gebräuchen den Feindseligkeiten eine ausdrückliche Kriegserklärung oder ein ähnlicher, gleichbedeutender Akt vorhergehen müsse; — 2. Kann die Kriegserklärung durch gleichwertige Akte ersetzt werden, die eine stillschweigende Kriegserklärung bedeuten, wie die Stellung eines Ultimatums, die Veröffentlichung eines Manifestes usw.? Antwort: Nach dem gegenwärtigen Stande des positiven internationalen Rechts ist eine ausdrückliche Kriegserklärung für den Beginn der Feindseligkeiten nicht notwendig. Doch ist mangels einer ausdrücklichen Erklärung ein gleichwertiger Akt zu verlangen; — 3. Kann die Abberufung der Gesandtschaft allgemein oder nach den Umständen als hinreichend deutlicher Ausdruck für den Willen, Krieg zu führen, betrachtet werden? Herr Dupuis antwortete hierauf: Wie immer auch die Umstände beschaffen seien, unter denen der Abbruch sich voll-

als diese wurden damals über die Kriegserklärung nicht berührt, und die tiefgehenden und äußerst wichtigen Momente, die der Oberst Tinge[8]) berührte, blieben unberücksichtigt, obwohl sie über das Wesen der Kriegserklärung Klarheit gebracht hätten. Ebenso die Fragen 4 und 5 des Questionnaire élaboré par Son Exc. Asser (Actes et Documents Tome III S. 253).

---

zieht, so läßt der Abbruch selbst doch immer noch einen Zweifel bestehen, über die Absichten der streitenden Staaten, wofern nicht diese die Tragweite des Abbruchs der Beziehungen klar auseinandersetzen, in welchem Falle der Akt, der den Sinn des Abbruches auseinandersetzt, nicht aber der Abbruch selbst, eine der Kriegserklärung gleichwertige Erklärung bedeutet.

Im zweiten Teil (droit théorique) lautet die 6. Frage, die bejaht wurde: Muß die Kriegserklärung den neutralen Staaten notifiziert werden, damit diese informiert und angewiesen sind?

Die 7. und 8. Frage betraf das Erfordernis einer Frist von der Kriegserklärung bis zum Beginn der Feindseligkeiten. Sie wurde damit beantwortet: Es wird der Wunsch ausgesprochen, eine solche Frist einzuführen, und zwar soll sie bei Landkriegen 7 Tage, bei Seekriegen 15 Tage betragen.

Über die Fragen, welche dem Haager Abkommen selbst vorangingen, vgl. in den Actes et Documents Tome III S. 253.

Der Vollständigkeit halber sei hier eine Äußerung über die Form der Kriegserklärung, die Lord Dufferin 1892 getan, erwähnt. Sie lautet: „Meine Idee über die Methode der Vermittelung von Kriegserklärungen würde dahin gehen, zwei hohe Galgen an der Grenze zu errichten und mit gebührendem Pompe die beiden Gesandten der respektiven Staaten aufzuhängen. Wenn der Vorgang noch durch die Gegenwart der beiden auswärtigen Minister verschönt würde, könnte die Lektion um so drastischer wirken.“

[8]) Le Colonel Tinge déclare que la Délegation Impériale de Chine ayant pris note de la proposition française, approuve sa rédaction. Mais il fait observer que cette question devant entraîner des obligations éventuelles, il serait fort important d'établir si une déclaration de guerre peut être considérée par l'Etat visé par elle comme un acte unilatéral et si celui-ci peut la traiter comme non-avenue. „Il ne serait pas inutile en outre de définir la guerre, car on l'a souvent faite sous le nom d'expédition ainsi qu'en témoignent de nombreux exemples empruntés à l'histoire de mon pays.“ (Actes et Documents Tome III S. 175.)

Die Praxis des 20. Jahrhunderts setzt ebenfalls die Entwicklung, die das 19. Jahrhundert genommen hatte, fort. Auf die wichtigeren Kriegserklärungen soll nunmehr eingegangen werden:

Am 6. Februar 1904, nachmittags um 4 Uhr, überreichte der japanische Geschäftsträger in Petersburg eine Note, in der die japanische Regierung zunächst die Sachlage in China und Corea von ihrem Standpunkt aus darlegte; dann heißt es in der Note: „En présence de délais qui restent grandement inexpliqués et d'activités navales et militaires qu'il est difficile de concilier avec des desseins entièrement pacifiques, le Gouvernement Impérial a fait preuve dans les négotiations pendantes, d'un degré de patience qui dans son opinion, fournit la preuve de son loyal désir d'écarter de ses relations avec le Gouvernement Impérial russe toute cause de futurs malentendus. Mais ne trouvant dans ses efforts aucune perspective de l'assurer de la part du Gouvernement Impérial russe, une adhésion, soit aux proportions modérées et désintéressées du Japon, soit à toute autre proposition susceptible de rétablir en Extrême-Orient une paix ferme et durable, le Gouvernement Impérial n'a pas d'autre alternative que de terminer les futiles négotiations actuelles. — En adoptant cette mesure le Gouvernement Impérial se réserve le droit de recourir à telle action indépendante qu'il pourra estimer la meilleure pour consolider et défendre sa situation menacée, aussi bien que pour protéger ses droits établis et ses intérets légitimes."

Diese Note wurde am 6. Februar auch dem russischen Botschafter in Tokio mitgeteilt. Gleichzeitig übergab der japanische Geschäftsträger in Petersburg eine weitere Note, in der die japanische Regierung der russischen den Abbruch der diplomatischen Beziehungen offiziell mitteilte und der japanische Geschäftsträger seine Abreise aus Petersburg anzeigte. Am 6. Februar hatte die japanische Flotte russische Schiffe angegriffen, der Angriff wurde am 7. fortgesetzt. Am 8. Februar teilte die japanische Regierung den Mächten mit, daß sie die diplomatischen Beziehungen mit Rußland abgebrochen habe; am gleichen Tage erfolgte abends um 11 Uhr der japanische Torpedoangriff auf Port Arthur. Das Manifest, das der Mikado am 10. Februar an seine Untertanen erließ, beginnt mit den Worten: Wir erklären hiermit Rußland den Krieg und befehlen unserer Armee usw. Am 10. Februar verließ der japanische Geschäftsträger St. Petersburg. Rußland hatte Japan den Krieg am 9. Februar erklärt; am 10. Februar teilten die russischen Gesandten den Regierungen, bei denen sie beglaubigt waren, in einer Note den Angriff Japans mit und bemerkten, daß Rußland durch die Maßnahmen Japans gezwungen sei, sich zu verteidigen.[9]) Am 11. Februar veröffentlichte die russische Staatszeitung ein Manifest Nikolaus II. Später gab die russische Regierung ein Rotbuch heraus, das die Verhandlungen zwischen Japan und Rußland vom Juni 1903 bis Februar 1904 in Dokumenten mitteilte.

Die Frage, ob der russisch-japanische Krieg 1904 mit einer förmlichen Kriegserklärung begann, ist viel erörtert worden. Nach der einen Ansicht stellen die Schlußworte der ersten japanischen Note vom 6. Februar, die oben mitgeteilt sind, eine Kriegserklärung in Form eines Ultimatums dar. Nach einer andern Auffassung sind sie zwar keine förmliche Erklärung, aber doch eine Warnung an den Gegner, die den Überfall ausschloß und daher die Kriegserklärung ersetzen konnte. Nach einer dritten Meinung endlich ist der Krieg durch Eröffnung der Feindseligkeiten begonnen worden, da der Abbruch der diplomatischen Beziehungen heute einer Kriegserklärung nicht mehr gleichkomme. In der Tat enthalten die Worte der japanischen Note nichts von einer Kriegserklärung, obwohl unter den Mitteln, die sich die japanische Regierung vorbehielt, auch der Krieg verstanden sein kann. Eine Kriegserklärung würde die Note aber nur dann bedeuten, wenn unzweideutig die Absicht, zu den Waffen zu greifen, zum Ausdruck käme, was nicht der Fall ist. Außerdem ist aber zu beachten, daß die kriegerischen Absichten Japans auch dadurch bis zum letzten Augenblick verschleiert wurden, daß der japanische Geschäftsträger St. Petersburg erst am 10. Februar verließ, einige Tage nach Beginn der Feindseligkeiten. Die Absicht Japans, Krieg zu führen, kam erst durch

[9]) Vgl. die Revue „La paix par le droit“ 1904.

das Manifest des Mikado deutlich zum Ausdruck. Freilich kann dies nicht als Kriegserklärung gelten, weil die Feindseligkeiten bereits vorher begonnen hatten. In Wahrheit war übrigens keiner der Gegner durch den Verlauf der Dinge überrascht und waren beide vorbereitet. —

Der Krieg Italiens gegen die Türkei 1911 begann folgendermaßen: Am 24. September 1911 teilte die Türkei Italien mit, daß sie die italienischen Staatsangehörigen ausweisen und die italienischen Waren boykottieren werde, falls Italien Tripolis besetze. Die italienische Regierung erklärte darauf, sie werde den Krieg erklären, falls diese Maßnahmen wirklich ausgeführt werden sollten. In der Nacht vom 26. auf den 27. September übermittelte der Marchese di San Guilano dem italienischen Geschäftsträger in Konstantinopel eine Note, die er auch dem türkischen Gesandten in Rom bekannt gab. In der Note heißt es wörtlich: „L'arrivée à Tripolis de transport militaires ottomans sur l'envoi desquels le gouvernement royal n'avait pas manqué de faire remarquer préalablement au gouvernement ottoman les sérieuses conséquences, ne pourra qu'aggraver la situation, et impose au gouvernement royal l'obligation stricte et absolue de parer aux périls qui en résultent.

Le gouvernement italien, se voyant donc désormais forcé de songer à protéger sa dignité et ses intérêts, a décidé de procéder à l'occupation militaire de la Tripolitaine et de la Cyrénaique.

L'ambassade royale à Constantinople a l'ordre de demander une réponse péremtoire à ce sujet de la part du gouvernement ottoman dans le délai de vingtquatre heures de présentation à la Porte du présent document.

A défaut de quoi le gouvernement italien se verra dans la nécessité de procéder à la réalisation immédiate des mesures destinées à assurer l'occupation.

Veuillez ajouter que la réponse de la Porte, dans ses termes susdits de vingt-quatre heures, doit nous être communiquée aussi par l'intermédiaire de l'ambassade de Turquie à Rome."

Am 28. September übergab der italienische Gesandte diese Note in Konstantinopel; die türkische Regierung antwortete sofort u. a. folgendes: „En ne procédant pas à un acte aussi grave qu'une occupation militaire, le gouvernement royal rencontrera la ferme volonté qu'a la Sublime-Porte d'aplanir ce désaccord.

Aussi le gouvernement impérial demande-t-il que le gouvernement royal lui fasse connaître la nature des garanties demandées. Il y souscrira volentiers en tant qu'elles n'affecteront pas son intégrité territoriale. —

Auf diese Antwort erklärte Italien, als die Frist von 24 Stunden verstrichen war, der Türkei förmlich den Krieg. Die Kriegserklärung wurde vom italienischen Botschafter in Konstantinopel überreicht; es heißt in ihr u. a.: „Le délai que le gouvernement royal avait accordé dernièrement au gouvernement impérial, en vue de la réalisation des mesures devenues nécessaires, vient de s'écouler sans qu'une réponse satisfaisante lui soit parvenue .... Le gouvernement royal se soit en conséquence, obligé de pouvoir directement à la sauvegarde de ses droits et intérêts ainsi que la dignité et l'honneur de l'Etat, par tous les moyens dont il dispose ...

Les relations d'amitié et de paix étant de la sorte interrompue entre les deux pays, l'Italie se considère dès ce moment en état de guerre avec la Turquie."

Trotz dieser formgerechten Kriegserklärung richtete die Türkei eine Zirkularnote an die Mächte, in der die Verhandlungen mit Italien einschließlich der Kriegserklärung mitgeteilt wurden, wobei noch hervorgehoben war, daß ein türkisches Torpedoboot vor Ablauf der 24stündigen Frist angegriffen worden sei. Die Zirkularnote schließt mit den Worten: Peniblement surpris de cette hostilité innattendue, qui n'est aucunement justifiée par notre attitude à l'égard de l'Italie, nous voulons croire qu'il est encore temps, étant donné les intentions de conciliations dont nous sommes animés, d'arrêter les effets néfastes d'une guerre qui n'a pas de cause réelle, et c'est pourquoi nous nous adressons aux sentiments pacifiques et humanitaires, ainsi qu'a l'amitié de votre gouvernement, afin qu'il intervienne auprès de l'Italie et persuade cet Etat de notre sincère désir de négocier avec lui pour prévenir une effusion de sang inutile."

Am 1. Oktober erließ die Türkei nochmals eine ähnliche Note, die von den türkischen Geschäftsträgern den verschiedenen Regierungen mitgeteilt wurde. Darin heißt es nochmals: „(Aussi la Turquie) s'adresse-t-elle aux puissances et ajourne-t-elle l'application des mesures de guerre."

Die Note Italiens an die Türkei vom 28. September kann nicht als Ultimatum aufgefaßt werden, da in ihr der Wille, Krieg zu führen, nicht unzweideutig zum Ausdruck kommt, obwohl sie den Beginn der Feindseligkeiten anzeigt; denn die Besetzung einer Kolonie des Gegners muß immerhin als feindseliger Akt aufgefaßt werden. Damit ist implicite gesagt, daß der Beginn der Feindseligkeiten keine Kriegserklärung in sich schließt. — Die eigentliche Kriegserklärung Italiens aber entsprach den Formen des Haager Abkommens; der Krieg begann darnach, wie auch in der Kriegserklärung selbst hervorgehoben ist, im Augenblick der Übergabe der Kriegserklärung. Die nachträglichen Noten der Türkei sind für die Kriegserklärung ohne Bedeutung. —

Die Balkankriege des Herbstes 1912 begannen in folgender Weise: Die Türkei mobilisierte und brachte ihre Truppen in den europäischen Provinzen unter, weil sie vermutete, daß das Bündnis Bulgariens, Serbiens, Griechenlands und Montenegros gegen die Türkei gerichtet sei. Sie hielt daher auch für Serbien bestimmtes Kriegsmaterial in Uesküb zurück. Die Balkanstaaten, die womöglich noch vor Beendigung des türkisch-italienischen Krieges die Türkei angreifen wollten, ordneten ihrerseits am 30. September die allgemeine Mobilmachung an, worauf die Türkei ebenfalls den allgemeinen Mobilmachungsbefehl erließ. Am 8. Oktober überreichte der Montenegrinische Geschäftsträger Plamenatz in Konstantinopel eine förmliche Kriegserklärung Montenegros, die damit begründet war, daß der montenegrinischen Regierung bei den zahllosen montenegrinisch-türkischen Grenzzwischenfällen keine hinreichende Genugtuung gewährt sei.[10]) Am gleichen Tage reiste König Nikita nach einer Audienz, die er dem österreichisch-ungarischen und dem russischen Botschafter gewährt hatte, um wegen einer Versöhnung mit der Türkei mit ihnen zu verhandeln, nach Podgoritza zu der Armee, und proklamierte dort den Krieg. Am 8. wurden auch dem türkischen Geschäftsträger in Cetinje die Pässe zugestellt. Am 30. September hatten die übrigen mit Montenegro verbündeten Balkanmächte der Türkei eine Note mit bestimmten Forderungen überreicht, zu deren Durchführung sie der Türkei eine Frist von sechs Monaten setzten, wobei sie aber, zur Garantie, die sofortige Demobilisierung der türkischen Streitkräfte verlangten. Die Türkei erteilte auf diese Note keine Antwort, sondern berief am 16. Oktober ihre Gesandten ab, da sie es unter ihrer Würde hielt, den früher unter ihrer Souveränität stehenden Staaten mit einer Kriegserklärung darauf zu antworten (Rehm, a. a. O. S. 129). Am 17. Oktober überreichten die Geschäftsträger Bulgariens (nach einer anderen Darstellung erließ Bulgarien nur ein Manifest), Serbiens und Griechenlands dem ottomanischen Minister des Äußern die Kriegserklärung, die von jedem der drei Staaten im gleichen Wortlaut abgefaßt war. Sie

---

[10]) Der türkische Minister Noradunghian hat behauptet, dieser Krieg sei nicht völkerrechtsmäßig erklärt worden. Er wirft den Montenegrinern vor, sie hätten zunächst gemäß dem Abkommen zur friedlichen Beilegung internationaler Streitigkeiten von 1899 Art. 2 (Text bei Fleischmann, Völkerrechtsquellen 1905 S. 296) nicht die Dienste einer fremden Macht angerufen, bevor sie zu den Waffen griffen. Ferner stände in der montenegrinischen Kriegserklärung nichts von einer *wirklichen* Kriegsursache; endlich seien die Feindseligkeiten von seiten Montenegros bereits vor Überreichung der Kriegserklärung an die Pforte begonnen worden. — Zu dem ersten Einwand ist aber zu beachten, daß der Artikel 2 die Klausel enthält „soweit die Umstände dies gestatten", wodurch die Bestimmung illusorisch wird. Zu dem zweiten Einwand darf nicht übersehen werden, daß Montenegro das Abkommen von 1907 nicht ratifiziert hatte und es außerdem nach diesem Abkommen nur darauf ankommt, daß überhaupt eine Begründung, nicht aber, daß der wirkliche Grund angegeben wird.

lautete: „La Sublime Porte n'ayant pas répondu à la note indentique que les gouvernements de Bulgarie, (de Grèce et de Serbie) ont eu l'honneur de lui remmettre le 30 septembre dernier et la situation qui était déjà très grave, à cause de la saisie des munitions serbes et des bateaux grecs faite par la Turquie en mépris du droit des gens, étant devenue encore plus menacante par suite des attaques des avant-postes bulgares et serbes par les troupes ottomanes et de la rupture des relations diplomatiques provoquées par la Sublime-Porte en violation des principes internationaux, le gouvernement de Sa Majesté le roi de Bulgarie (Serbie, Grèce) se voit obligé à son grand regret de recourir à la force des armes, laissant au gouvernement ottoman toute la responsabilité de la rupture des relations entre la Bulgarie (Serbie, Grèce et l'Empire Ottoman).

J'ai l'honneur d'informer de gouvernement impérial que, dès ce moment, La Bulgarie (Serbie, Grèce) se considère en état de guerre avec la Turquie, et que tenant ma mission comme terminée, je quitterai Constantinople dans le plus bref délai."

Um die gleiche Zeit übergaben die Gesandten der Balkanstaaten den fremden Mächten, bei denen sie beglaubigt waren, eine Note, in der sie ihre Kriegserklärung bekannt gaben und begründeten;[11]) auch erließen die Regierungen Manifeste an ihre Völker, in denen der Kampf des Kreuzes gegen den Halbmond gepredigt wurde. Die Türkei gab eine Gegenerklärung bekannt, in der sie u. a. auch die diplomatischen Vertreter der Balkanstaaten auffordert, ihr Gebiet unverzüglich zu verlassen.

1913 brachen Streitigkeiten zwischen Bulgarien und Serbien aus, weil König Ferdinand von Bulgarien eine Revision des Bündnisvertrages ablehnte. Auch mit Griechenland entstanden wegen der Grenzziehung Streitigkeiten. Am 28. Juni 1913 brachen die Feindseligkeiten ohne vorherige Ankündigung aus. Montenegro trat später, ebenfalls ohne vorherige Ankündigung, auf die Seite Serbiens und Griechenlands. Am

[11]) Der Text dieser Begründung ist in der Zeitschrift für Internationales Recht Bd. XXV S. 180 mitgeteilt.

4. Juli berief die griechische Regierung ihren Vertreter in Sofia ab und stellte dem bulgarischen Gesandten in Athen seine Pässe zu; ähnlich verfuhr die serbische Regierung am 5. Juli. Venizelos antwortete am 4. Juli in der griechischen Kammer auf eine Anfrage, ob Griechenland den Krieg erklärt habe: „Nein, wir haben einfach unsern Gesandten abberufen und den unerklärten Krieg angenommen, den uns das unsere Truppen zuerst angreifende Bulgarien anbot".[12])

Dagegen erklärte Rumänien am 10. Juli 1913 Bulgarien formgerecht den Krieg. Es begründete diesen Schritt damit, daß bulgarische Truppen serbische Truppen ohne Beachtung der völkerrechtlichen Regeln angegriffen hätten. Gleichzeitig mit der Kriegserklärung wurde der rumänische Geschäftsträger in Sofia abberufen und der Schutz der rumänischen Interessen Italien anvertraut. Die bulgarische Regierung befahl jedoch ihrem Gesandten in Bukarest auf seinem Posten zu bleiben und erklärte offiziell, sie werde dem rumänischen Einmarsch keinen Widerstand entgegensetzen. Tatsächlich konnte denn auch das unter dem Oberbefehl des rumänischen Kronprinzen stehende Heer bis auf 60 Kilometer vor Sofia vorrücken, ohne auf einen Widerstand der Bulgaren zu stoßen.

Am 10. August 1913 kam zwischen den Balkanstaaten zu Bukarest ein Friede zustande, an dem auch Rumänien teilnahm, obwohl zwischen Rumänien und den Balkanstaaten

---

[12]) Zeitschrift für Internationales Recht Bd. XXV S. 270.

Die Kriegserklärungen der Balkanstaaten vom 7. Oktober 1912 entsprachen dem Abkommen von 1907, obwohl die Balkanmächte das Abkommen nicht ratifiziert hatten. Dagegen erfolgte der Ausbruch der Feindseligkeiten unter den Balkanstaaten im Jahre 1913 dem Abkommen zuwider. Von einem formellen Völkerrechtsbruch kann aber dabei nicht die Rede sein, insbesondere wäre es unrichtig zu sagen, sie hätten durch ihre formgerechten Kriegserklärungen von 1912 das Abkommen von 1907 gewohnheitsrechtlich anerkannt; denn die einmalige Anerkennung ist keine Gewohnheit (wie Strupp in der Zeitschrift für Völkerrecht Bd. VI S. 591 annimmt). Die Erklärung der Balkanstaaten an die andern Mächte, die Konvention von 1907 beobachten zu wollen, verpflichtet die Balkanstaaten nicht allgemein, sondern nur in dem besonderen Fall, für den sie zugestimmt haben.

ein wirklicher Krieg nicht stattgefunden hatte.[13]) Die Notwendigkeit eines Friedens folgte allein aus der Gültigkeit, d. h. der formellen Richtigkeit der Kriegserklärung, da der Krieg formell gültig bestand, wie sich aus der Notwendigkeit eines Friedens ergibt. (Hierin liegt ein Beweis dafür, daß die Kriegserklärung bereits der erste kriegerische Akt ist.)

Bulgarien hatte mit den andern Balkanmächten am 30. Mai 1913 mittags 12½ Uhr den Präliminarfrieden in London unterzeichnet, der den gemeinsamen Krieg mit der Türkei beendigen sollte. Der bulgarische Bevollmächtigte hatte bei dieser Gelegenheit, um sich den Rücken gegen die Türkei zu decken, und weil er wohl den tatsächlichen weiteren Verlauf voraussah, folgende Klausel hinzugefügt: Der Friede zwischen Bulgarien und der Türkei solle sofort mit Unterzeichnung dieses Protokolls in Kraft treten. Die Türkei willigte ein. Als sich aber im zweiten Balkankrieg die Lage zuungunsten Bulgariens gewandt hatte, teilte die Türkei am 12. Juli in einer Note mit, die Verhandlungen zur Erreichung eines definitiven Friedens mit Bulgarien seien gescheitert. Bereits am folgenden Tage besetzte ein türkisches Heer Kirk-Kilisse und Adrianopel. Am 21. Juli begründete die Pforte in einer Note an die übrigen Mächte ihr Vorgehen.[14]) Bulgarien protestierte am 23. Juli dagegen und berief sich auf den Londoner Frieden.

Der nunmehr zwischen Bulgarien und der Türkei eintretende Zustand muß als neuer Krieg bezeichnet werden, da es zwischen den regulären Truppen der beiden Staaten zu einem bewaffneten Zusammenstoß kam, und es für die Beurteilung, ob ein Krieg tatsächlich vorliegt, gleichgültig ist, ob der eine Gegner den Befehl zum kampflosen Rückzug gibt, wie in diesem Fall wieder Bulgarien, sofern nur dieser

---

[13]) Wehberg, Zeitschrift für Völkerrecht Bd. VII S. 518 ist der Ansicht, daß es wohl zu einem Kriege zwischen Rumänien und Bulgarien gekommen sei, obgleich Bulgarien nicht den geringsten Widerstand leistete.

[14]) Der Text der Begründung ist in der Zeitschrift für Internationales Recht Bd. XXV S. 279 mitgeteilt.

Befehl nicht befolgt wird (wie dies hier im Gegensatz zu dem Verhalten der bulgarischen Truppen den Rumänen gegenüber der Fall war). Denn die ganze Angelegenheit der Befolgung oder Nichtbefolgung eines Befehls muß als interne betrachtet werden.[15]) Folgerichtig blieb es auch zwischen Bulgarien und der Türkei nicht beim Londoner Frieden, sondern am 29. September 1913 kam auf wesentlich neuer Grundlage ein zweiter Friede, der von Konstantinopel, zustande.

§ 6.

Die Kriegserklärung seit 1914.

I. Der Krieg Österreich-Ungarns mit Serbien.

Am 23. Juli 1914 überreichte der österreichisch-ungarische Gesandte abends 6 Uhr in Belgrad dem serbischen Finanzminister Patschu, der den Minister des Äußern Paschitsch vertrat, eine Verbalnote, die sich auf den Mord von Serajewo bezog und die Forderungen Österreich-Ungarns enthielt.[1]) In der Note ist nicht auf die Folgen hingewiesen, die eine Nichterfüllung der österreichisch-ungarischen Forderungen nach sich ziehen würde; sie ist daher keine Kriegserklärung. Ebensowenig ist sie ein Ultimatum, obwohl die Zeitungen sie vielfach so bezeichnet haben.[2]) Vielmehr kann

---

[15]) a. A. Strupp in der Zeitschrift für Völkerrecht Bd. VI S. 519 Anm. 1.

[1]) Den Inhalt der Note siehe in der Norddeutschen Allgemeinen Zeitung, 25. Juli 1914, Nr. 172.

[2]) So die Kölnische Zeitung vom 24. Juli, der Messaggero vom 25., die Times vom 25., der Rjetsch, die Novoje Wremje, der Petersburski Kurier. Richtig dagegen die amtliche Havasnote vom 25. Juli, die die Note nur als Forderung einer Antwort mit befristeter Zeit bezeichnet (Nordd. Allg. Ztg. Nr. 173, 2. Morgenausgabe), ebenso Graf Berchtold im Rotbuch Nr. 17. Der stellvertretende serbische Minister des Auswärtigen nennt in seinem Telegramm vom 10./23. Juli 1914 (Serb. Blaubuch Nr. 33) das österr.-ungar. Schriftstück eine Note; ebenso bezeichnet es Paschitsch am 12./25. Juli in seiner Mitteilung an sämtliche serbische Gesandtschaften (Serb. Blb. Nr. 41) und der serbische Gesandte in Wien in seinem Telegramm an Paschitsch vom 3./16. August (Serb. Blb. Nr. 52). Dahin ging auch die allge-

sie als Beispiel dafür angesehen werden, daß es bei der Kriegserklärung nur auf den formellen Hinweis auf den

meine Auffassung nach dem 13./28. Juli, dem Tage der Kriegserklärung Österr.-Ungarns an Serbien. Eine Ausnahme macht der serb. Gesandte in Petrograd, welcher der russischen Auffassung entsprechend, die Verbalnote Österreichs als Ultimatum bezeichnet (Serb. Blb. Nr. 36). In seinem Telegramm vom 25./28. Juli berichtet der serb. Gesandte in Wien, der französische sowie der englische Botschafter und der russische Geschäftsträger dort erachteten, daß der Schritt der öst.-ung. Regierung keine bloße Note, sondern ein Ultimatum sei. Seine eigene Ansicht gehe dahin, daß die öst.-ung. Note tatsächlich eine Kriegserklärung an Serbien sei, obwohl er sich in dieser Mitteilung an seine Regierung persönlich immer wieder des Ausdrucks „Note“ bedient (Serb. Blb. Nr. 52).

Die Demarche der öst.-ung. Regierung in Belgrad am 23. Juli wird im Öst.-ung. Rotbuch einfach als Note bezeichnet (RB. Nr. 7, 8). Grey faßte sie am 24. ebenfalls so auf, wie aus seinem Gespräch mit dem öst.-ung. Botschafter zu entnehmen ist. Er meinte nämlich, indem er die kurze Befristung der Note bedauerte, ein Ultimatum könne man immer noch stellen, wenn die serbische Antwort nicht annehmbar sei (RB. Nr. 10). Am selben Tage ersuchte auch Graf Berchtold den öst.-ung. Botschafter in London Sir E. Grey ausdrücklich darüber aufzuklären, daß die öst.-ung. Demarche in Belgrad nicht als formelles Ultimatum zu betrachten sei, sondern daß es sich nur um eine befristete Demarche handle, die, wenn die Frist fruchtlos abläuft, einstweilen nur von dem Abbruch der diplomatischen Beziehungen und von dem Beginne notwendiger militärischer Vorbereitungen gefolgt sein wird. Sassanow dagegen bezeichnet diese Note von vornherein als Ultimatum, schon damals als ihm Graf Scápáry am 24. August offiziell Mitteilung davon machen wollte. Diese Auffassung teilt auch das russische Amtsblatt, die Petrograder Telegraphenagentur, vom selben Tage (RB. Nr. 14, 15).

Auch im russischen Orangebuch selbst ist durchweg in den Telegrammen der russischen Diplomaten die von Öst.-Ung. an Serbien am 23. Juli überreichte Note als Ultimatum bezeichnet (R. OB. Nr. 1, 4, 10, 11, 13, 14, 15, 16, 27, 59, 60), ausgenommen in der Mitteilung des russ. Gesandten in Paris an den russ. Minister des Äußern vom 11./24. Juli (R. OB. Nr. 8). In der Übersicht der diplomatischen Beziehungen dagegen, welche die russische Regierung am 2. August herausgeben ließ, wird das öst.-ung. Schriftstück „Note“ genannt, vielleicht weil inzwischen eine regelrechte Kriegserklärung an Serbien erfolgt war, oder aber in der Absicht, die Objektivität, Mäßigung und Unparteilichkeit der Übersicht zu beweisen. Als Note bezeichnet sie auch der serbische Kronprinz in seinem an

bevorstehenden Krieg ankommt, während der Inhalt der Note in bezug auf die aufgestellten Forderungen noch so „schneidig“ sein kann. Es kommt für die Beurteilung ihres Charakters nicht auf den Geist an, in dem sie verfaßt wurde, und auf die Möglichkeiten, die sie offen läßt, sondern nur auf das, was klar darin ausgedrückt ist.

In der Note wird die Antwort Serbiens bis Sonnabend den 25. Juli 6 Uhr Abends verlangt. Der K. und K. Gesandte in Belgrad, Freiherr von Giesl, hatte, wie er beim Überreichen der Note mündlich hinzufügte, den Auftrag, mit dem Personal der Gesandtschaft Serbien zu verlassen, falls die serbische Regierung die vorbehaltlose Annahme der Forderungen nicht bis dahin notifiziert haben sollte.[3]) Zu gleicher Zeit wurden die K. und K. Botschafter im Deutschen Reich, in Frankreich, Großbritannien, Italien, Rußland und der Türkei beauftragt, am 24. Juli den Inhalt der Note zur Kenntnis der Regierungen zu bringen.

Am 25. Juli erschien der serbische Ministerpräsident Paschitsch wenige Minuten vor 6 Uhr in der K. und K.

---

den Czaren gerichteten Telegramm (R. OB. Nr. 6) und alle andern Diplomaten, welche sich im Orangebuch darüber äußern.

Die französische Regierung scheint sich gleichfalls über den Charakter der Note nicht ganz im klaren befunden zu haben, trotzdem sie im französischen Gelbbuch durchweg als „Note“ bezeichnet ist. Der Chef des politischen Departements fragte nämlich den deutschen Botschafter in Paris am 24. Juli 1914, ob man den Schritt Österreichs als ein Ultimatum zu „betrachten“ habe oder nicht, mit andern Worten: ob unvermeidlich kriegerische Maßnahmen folgen würden, wenn Serbien sich nicht bedingungslos den österr. Forderungen unterwerfen sollte (R. OB. Nr. 8). Die Antwort hierauf gab Grey am folgenden Tage, indem er dem russ. Botschafter gegenüber erklärte, der österr. Gesandte habe ihm mitgeteilt, daß die österr. Note nicht als Ultimatum, sondern als Schritt betrachtet werden müsse, der im Falle seiner Nichtbeantwortung oder einer ungenügenden Beantwortung zur festgesetzten Frist den Abbruch der diplomatischen Beziehungen und die sofortige Abreise des öst.-ung. Gesandten aus Belgrad, aber nicht die sofortige Eröffnung der Feindseligkeiten nach sich ziehe — also genau das was ihm Graf Berchtold hatte mitteilen lassen.

[3]) N. A. Z. Nr. 173.

Gesandtschaft in Belgrad und erteilte eine ungenügende Antwort[4]) auf die österreichisch-ungarische Note. Der österreichisch-ungarische Gesandte notifizierte ihm hierauf den Abbruch der diplomatischen Beziehungen[5]) und verließ mit dem Gesandtschaftspersonal Belgrad um 6 Uhr 30 Minuten. Am 27. Juli mittags wurde dem serbischen Gesandten in Wien der Abbruch der diplomatischen Beziehungen mit Serbien notifiziert und ihm seine Pässe zugestellt.[6]) Die serbische Regierung hatte schon früher, am 25. Juli, 3 Uhr nachmittags, die Mobilmachung der gesamten Armee angeordnet.[7]) Am 27. Juli wurde eine teilweise Mobilisierung der österreichisch-ungarischen Armee befohlen; auch ergingen Kaiserliche Verordnungen auf Grund des § 14 des Staatsgrundgesetzes an den Höchstkommandierenden der Streitkräfte in Bosnien, der Herzegowina und Dalmatien, sowie ministerielle Verordnungen betreffend die Suspension der staatsgrundgesetzlichen Bestimmungen bezüglich der persönlichen Freiheit, des Versammlungsrechts, des Briefgeheimnisses, der Pressefreiheit.[8]) Bereits am 27. kam es zu Feindseligkeiten, wie aus mehreren Telegrammen hervorgeht.[9]) Am 28. enthielt eine Extraausgabe der Wiener Zeitung folgende Bekanntmachung im amtlichen Teil:

Kriegserklärung. Auf Grund Allerhöchster Entschließung Seiner K. und K. apostolischen Majestät vom 28. Juli 1914 wurde heute an die Königlich serbische Regierung eine in französischer Sprache abgefaßte Kriegserklärung

---

4) Den Inhalt siehe im Rotbuch Nr. 34.

5) Rotbuch Nr. 40.

6) N. A. Z. Nr. 174.

7) Rotbuch Nr. 23.

8) N. A. Z. Nr. 174.

9) N. A. Z. Nr. 174: Bei Temeskubin haben serbische Truppen, die sich auf einem Donaudampfer befanden, vom Schiff aus österreichische Truppen beschossen. Das Feuer wurde erwidert. Es entspann sich ein größeres Geplänkel. Vgl. auch die Depesche des Grafen Berchtold an den Grafen Szápáry in St. Petersburg vom 28. Juli 1914: Gestern seien nun serbischerseits gegen uns die Feindseligkeiten an der ungarischen Grenze eröffnet worden (Österr.-Ung. Rotbuch Nr. 40). Vgl. auch sein Telegramm an Graf Mensdorff vom gleichen Tage.

gerichtet, die in deutscher Übersetzung folgendermaßen lautet: Da die Königlich serbische Regierung die Note, welche ihr vom österreichisch-ungarischen Gesandten in Belgrad am 23. Juli 1914 übergeben worden war, nicht in befriedigender Weise beantwortet hat, so sieht sich die K. und K. Regierung in die Notwendigkeit versetzt, selbst für die Wahrung ihrer Rechte und Interessen Sorge zu tragen und zu diesem Ende an die Gewalt der Waffen zu appellieren. Österreich-Ungarn betrachtet sich daher von diesem Augenblick an als im Kriegszustand mit Serbien befindlich. Der österreichisch-ungarische Minister des Äußern: Graf Berchtold. (Rotbuch Nr. 37.)

Das Ministerium des Auswärtigen richtete an die fremden diplomatischen Missionen in Wien eine Verbalnote, in der es ihnen die formelle Kriegserklärung an Serbien zur Kenntnis brachte und erklärte, daß sich Österreich-Ungarn während der Feindseligkeiten unter der Voraussetzung eines gleichartigen Vorgehens seitens Serbiens an die Bestimmungen der Haager Konvention vom 11. Oktober 1907, sowie an die Bestimmungen der Londoner Deklaration vom 26. Februar 1909 halten werde. Die Missionen wurden gebeten, diese Notifikation möglichst bald ihren Regierungen mitzuteilen.[10]) Am 28. Juli erließ der Kaiser ein „Handschreiben“ und Manifest an seine Völker.[11])[12]) Am 29. Juli erließ der Kronprinz-Regent von Serbien von Nisch aus ein von allen Ministern unterzeichnetes Manifest.[13])

---

[10]) N. A. Z. Nr. 174.

[11]) N. A. Z. Nr. 174.

[12]) Interessant ist folgende Depesche, die am 28. von Nisch aus datiert ist und ihrem Inhalte nach an den Anfang der Antworten der litterae diffidationis erinnert: Der Minister des Auswärtigen veröffentlicht folgende Depesche: Die Königlich serbische Regierung trifft Maßnahmen, um sich über die Echtheit der untenstehenden Depesche zu vergewissern, die ihr in einer ungebräuchlichen Form (telegraphisch durch den öst.-ung. Ministerpräsidenten direkt an das serbische Auswärtige Amt) übermittelt worden ist, und von der Seine Exzellenz der deutsche Gesandte, der die österreichisch-ungarische Regierung vertritt, erklärt hat, daß er darüber nicht unterrichtet sei. Diese Depesche hat folgenden Wortlaut: (folgt der Wortlaut der oben zitierten Kriegserklärung).

[13]) Russ. Orangebuch Nr. 59.

II. Krieg Deutschlands mit Rußland.

Am 31. Juli 1914 erklärte der deutsche Kaiser gemäß Art. 68 der Reichsverfassung das Reichsgebiet mit Ausnahme Bayerns in Kriegszustand. Für Bayern erging durch Königliche Verordnung gleichzeitig dieselbe Anordnung.[14]) Am gleichen Tage schickte der Reichskanzler an den deutschen Botschafter in Petersburg folgendes Telegramm: Dringend. Trotz noch schwebender Vermittlungsverhandlungen und obwohl wir selbst bis zur Stunde keinerlei Mobilmachungsmaßnahmen getroffen haben, hat Rußland ganze Armee und Flotte, also auch gegen uns, mobilisiert. Durch diese russische Maßnahme sind wir gezwungen worden, zur Sicherung des Reiches die drohende Kriegsgefahr auszusprechen, die noch nicht Mobilisierung bedeutet. Die Mobilisierung muß aber folgen, falls nicht Rußland binnen zwölf Stunden jede Kriegsmaßnahme gegen uns und Österreich-Ungarn einstellt und uns hierüber bestimmte Erklärung abgibt.

Bitte dies sofort Herrn Sassanow mitzuteilen und Stunde der Mitteilung drahten. (Deutsches Weißbuch Anlage 24.)

Der deutsche Botschafter in St. Petersburg erledigte die ihm aufgetragene Mitteilung an Herrn Sassanow am 31. Juli um 12 Uhr nachts. Nachdem die Rußland gestellte Frist verstrichen war, ohne daß eine Antwort auf die deutsche Anfrage einging, befahl der Kaiser am 1. August um 5 Uhr nachmittags die Mobilmachung des gesamten deutschen Heeres

---

[14]) Die Verkündung des Kriegszustandes in Berlin und der Mark Brandenburg ging nach N. A. Z. vom 2. August Nr. 179 in folgender Weise vor sich: „In Berlin verlas gestern Nachmittag ein Oberleutnant vom Regiment Alexander an der Spitze eines Wachkommandos unter Trommelwirbel am Denkmal Friedrichs des Großen und an andern Stellen eine Bekanntmachung des Oberkommandierenden in den Marken und Gouverneurs in Berlin, wonach über Berlin und die Provinz Brandenburg der Kriegszustand verhängt sei." Die dem § 3 des preußischen Gesetzes über den Belagerungszustand vom 14. Juni 1851 entsprechende Form der Bekanntmachung (unter Trommelwirbel und Trompetenschall) ist im Zusammenhang mit den Ausführungen über die Herolde des 16. Jahrhunderts (vgl. § 1 der Arbeit) von besonderm Interesse.

und der Kaiserlichen Marine. Am selben Tage telegraphierte der Reichskanzler dem deutschen Botschafter in St. Petersburg um 12 Uhr 52 nachmittags folgendes: Dringend. Falls die russische Regierung keine befriedigende Antwort auf unsere Forderungen erteilt, so wollen Euere Exzellenz ihr heute Nachmittag 5 Uhr (mitteleuropäische Zeit) folgende Erklärung überreichen: Le Gouvernement Impérial s'est efforcé dès le début de la crise de la mener à une solution pacifique. Se rendant à un désir que lui en avait été exprimé par Sa Majesté l'Empereur de Russie, Sa Majesté l'Empereur d'Allemagne d'accord avec l'Angleterre était appliqué à accomplir un rôle médiateur auprès des Cabinets de Vienne et de St. Petersbourg, lorsque la Russie, sans en attendre le résultat, procéda à la mobilisation de la totalité de ses forces de terre et de mer.

A la suite de cette mesure menaçante motivée par aucun préparatif militaire de la part de l'Allemagne, l'Empire Allemand se trouva vis-à-vis d'un danger grave et imminent. Si le Gouvernement Impérial eût manqué de parer à ce péril il aurait compromis la sécurité et l'existence même de l'Allemagne. Par conséquent de Gouvernement Allemand se vit forcé de s'adresser au Gouvernement de Sa Majesté l'Empereur de toutes les Russies en insistant sur la cessation des dits actes militaires. La Russie ayant refusé de faire droit à cette demande et ayant manifesté par ce refus, que son action était dirigée contre l'Allemagne, j'ai l'honneur d'ordre de mon Gouvernement de faire savoir à Votre Excellence ce qui suit:

Sa Majesté l'Empereur, mon auguste Souverain, au nom de l'Empire, relève le défi et se considère en état de guerre avec la Russie.

Bitte Eingang und Zeitpunkt der Ausführung dieser Instruktion nach russischer Zeit dringend drahten. Bitte Ihre Pässe fordern und Schutz und Geschäft Amerikanischer Botschaft übergeben. (Deutsches Weißbuch, Anlage 26.)

Ehe jedoch eine Meldung über die Ausführung dieses Auftrags einlief, überschritten russische Truppen, und zwar schon am Nachmittag des 1. August, die deutsche Grenze und rückten auf deutsches Gebiet vor.[15])

Damit hat Rußland den Krieg begonnen.[16])

III. Der Krieg Deutschlands mit Frankreich.

Am 31. Juli 1914 drahtete der Reichskanzler folgendes an den Kaiserlichen Botschafter, Freiherrn v. Schoen in Paris: Dringend. Rußland hat trotz unserer noch schwebenden Vermittelungsaktion und obwohl wir selbst keinerlei Mobilmachungsmaßnahmen getroffen haben, Mobilmachung seiner gesamten Armee und Flotte, also auch gegen uns, verfügt. Wir haben darauf drohenden Kriegszustand erklärt, dem Mobilmachung folgen muß, falls nicht Rußland binnen zwölf Stunden alle Kriegsmaßnahmen gegen uns und Österreich einstelle. Die Mobilmachung bedeutet unvermeidlich Krieg. Bitte französische Regierung fragen, ob sie in einem russisch-deutschen Kriege neutral bleiben will. Antwort muß binnen 18 Stunden erfolgen. — Sofort Stunde der gestellten Anfrage drahten. Größte Eile geboten. (Das deutsche Weißbuch, Anlage 25.)

Darauf stellte der deutsche Botschafter in Paris die ihm befohlene Anfrage an das französische Kabinett am 31. Juli, nachmittags 7 Uhr. Der französische Ministerpräsident erteilte darauf am 1. August um 1 Uhr nachmittags eine unbefriedigende Antwort, da er sich darauf beschränkte, zu erklären, Frankreich würde das tun, was seine Interessen ihm geböten. Wenige Stunden darauf, um 5 Uhr nachmittags, also zu gleicher Zeit wie in Deutschland, wurde die Mobili-

---

[15]) N. A. Z. Nr. 179, Sonntag den 2. August 1914. Beschießung einer deutschen Patrouille. Berlin 1. August. Heute Nachmittag wurde eine deutsche Patrouille bei Prostken, 300 Meter diesseits der Grenze von einer russischen Patrouille beschossen. Siehe auch Staatsarchiv Bd. LXXXV S. 139.

[16]) Diese letzte Angabe, die sich in der „Vorläufigen Denkschrift zum Kriegsausbruch“ der N. A. Z. vom 4. August 1914 Nr. 180 findet, dürfte nur dann richtig sein, wenn der russische Angriff vor der Mitteilung der deutschen Kriegserklärung an Rußland, also vor 5 Uhr stattgefunden hat. Auf jeden Fall ist es für den Kriegsbeginn bedeutungslos, wann die Meldung über die Ausführung des Auftrages, der die Kriegserklärung enthielt, bei der zuständigen Stelle einlief.

sierung der gesamten französischen Armee und Flotte angeordnet. (Vorläufige Denkschrift zum Kriegsausbruch in der N. A. Z. vom 4. August 1914 Nr. 180.)

Obwohl die deutsche Anfrage an Frankreich vom 31. Juli 1914 ein regelrechtes Ultimatum darstellte und das Deutsche Reich sich seit dem Ablauf der 18stündigen Frist, während welcher keine genügende Antwort eingetroffen war, also seit dem 1. August 1914 1 Uhr mittags mit Frankreich im Kriegszustand befand,[17]) hatte der deutsche Kaiser den Befehl gegeben, die französische Grenze unbedingt zu respektieren, während Frankreich seinerseits der deutschen Regierung gegenüber sich bereit erklärt hatte, eine Zone von 10 Kilometer an der Grenze zu respektieren. Deutscherseits ist der Befehl des Kaisers bis auf einige Ausnahmen strengstens befolgt worden. So lautet die in der ersten Sitzung des deutschen Reichstags vom 4. August 1914 nachmittags 3 Uhr hierüber vom Chef des Generalstabes herstammende Meldung, die der Reichskanzler verlas: „Von den französischen Beschwerden über Grenzverletzungen unsererseits ist nur eine einzige zuzugeben. Gegen den ausdrücklichen Befehl hat eine, anscheinend von einem Offizier geführte Patrouille des 14. Armeekorps am 2. August die Grenze überschritten. Sie ist scheinbar abgeschossen, nur ein Mann ist zurückgekehrt.“ Die französischen Grenzverletzungen aufzählend, fährt diese Meldung fort: „Aber lange bevor diese einzige Grenzüberschreitung erfolgte, haben französische Flieger bis nach Süddeutschland hinein auf unsere Bahnlinien Bomben abgeworfen, haben am Schluchtpaß französische Truppen unsere Grenzschutztruppen angegriffen. Unsere Truppen haben sich dem Befehl gemäß auf die Abwehr beschränkt.“[18]) Von diesen Grenzverletzungen spricht auch das bereits am 3. August um 1 Uhr 5 nachmittags vom Reichskanzler an

---

[17]) Vgl. jedoch die Bemerkung des Reichskanzlers v. Bethmann-Hollweg in seiner Rede vom Dienstag Nachmittag den 4. August 1914 im Deutschen Reichstage.

[18]) Vgl. auch hierüber die Kaiserliche Thronrede, die am 4. August 1 Uhr nachmittags im Weißen Saale des Königlichen Schlosses in Berlin gehalten wurde und in der als Datum für die oben schon wiedergegebenen Grenzverletzungen Sonntag der 2. August genannt ist.

den Freiherrn v. Schoen gerichtetes Telegramm. Es lautet: „Deutsche Truppen hatten bis jetzt Befehl, französische Grenze strengstens zu respektieren und diesen überall strikt befolgt. Dagegen haben trotz Zusicherung der Zehnkilometerzone französische Truppen schon gestern die deutsche Grenze bei Altmünsterol und auf der Gebirgsstraße in den Vogesen überschritten und stehen noch auf deutschem Gebiet. Ein französischer Flieger, der belgisches Gebiet überflogen haben muß, wurde bei dem Versuche, die Eisenbahn bei Wesel zu zerstören, schon gestern herabgeschossen. Mehrere andere französische Flugzeuge sind gestern über dem Eifelgebiet zweifelsfrei festgestellt. Auch diese müssen belgisches Gebiet überflogen haben. Gestern warfen französische Flieger Bomben auf Bahnen bei Karlsruhe und Nürnberg. — Frankreich hat uns somit in Kriegszustand versetzt.[19]) Bitte Eure Exzellenz Vorstehendes heute Nachmittag 6 Uhr dortiger Regierung mitzuteilen, Ihre Pässe zu fordern und nach Übergabe der Geschäfte an die Amerikanische Botschaft, abzureisen.“

Der deutsche Gesandte führte diesen Auftrag pünktlich aus und verließ mit dem Personal der Botschaft, dem deutschen Konsulat und den Mitgliedern der bayerischen Gesandtschaft um 10 Uhr abends Paris. Als die französische Regierung Mitteilung des obigen Auftrags erhalten, wies sie ihren Botschafter an, Berlin zu verlassen und das Archiv der Botschaft und den Schutz der französischen Interessen dem amerikanischen Botschafter anzuvertrauen. Am 4. August richtete dann der Präsident der französischen Republik eine Botschaft an die Kammer, in der er erklärt, Frankreich sei das Opfer eines Angriffs. (Franz. Gelbbuch Nr. 158.)

---

[19]) Zu dieser Angabe dürfte juristisch folgendes zu bemerken sein. Wenn man auch das Telegramm des Reichskanzlers vom 31. Juli 1914 an den deutschen Botschafter in Paris als bloße Instruktion eines Vorgesetzten an einen seiner Beamten betrachtet, so hat doch die Anfrage, die der deutsche Gesandte auf Grund dieses Telegramms bei der französischen Regierung machte, durch die besondern Momente, die sie enthielt — die Kriegsdrohung und die Befristung — den Charakter eines Ultimatums angenommen.

Am 6. August erließ Kaiser Wilhelm eine Proklamation an das deutsche Volk.

Gleich nach dem Kriegsausbruch teilten die deutschen Gesandten dies, wie bereits beim Kriege mit Rußland, den Regierungen, bei denen sie beglaubigt waren, mit. Die Ankündigung des Kriegszustandes zwischen Deutschland und Rußland an Italien geschah nach der Tribuna folgendermaßen: Rom 3. August. Gestern Mittag begab sich der deutsche Botschafter in die Consulta und teilte dem Minister des Äußern Marchese di San Guiliano amtlich mit, daß Deutschland und Rußland sich im Kriegszustand befänden. Marchese di San Guiliano nahm von der Mitteilung Kenntnis und erklärte, daß Italien gemäß dem Geiste und Wortlaut des Dreibundvertrages Neutralität beobachten werde.

IV. Kriegserklärung Serbiens an Deutschland?

Am 6. August (24. Juli) 1914 ließ das serbische Ministerium des Auswärtigen in Nisch der deutschen Gesandtschaft daselbst folgende Note zukommen: Das königliche Ministerium des Auswärtigen hat die Ehre, die kaiserlich deutsche Gesandtschaft zu benachrichtigen, daß angesichts des zwischen Serbien und Österreich-Ungarn, dem Verbündeten Deutschlands, sowie zwischen Rußland und Deutschland, dem Verbündeten Österreich-Ungarns, bestehenden Kriegszustandes die königlich serbische Regierung sich solidarisch mit Rußland und seinen Allierten erklärt und die Mission Sr. Exzellenz des Baron Griesinger, außerordentlichen Gesandten und bevollmächtigten Vertreter Deutschlands in Serbien, als beendet ansieht. Sie bittet Se. Exzellenz, mit dem Personal der Gesandtschaft das serbische Gebiet zu verlassen und stellt ihr beifolgend die nötigen Pässe zu. Am 11. August machte der serbische Geschäftsträger in Berlin dem deutschen Auswärtigen Amte Mitteilung von dieser Note und verlangte gleichfalls seine Pässe.

Als ein Jahr später Mackensen den Donauübergang erzwang und in Serbien einmarschierte, hieß es allgemein, Serbien würde jetzt erfahren, daß die seinerzeit an Deutschland erfolgte Kriegserklärung, denn als solche wurde die obige Note aufgefaßt — keine leere Formalität gewesen sei. Diesem Standpunkte kann nicht beigetreten werden. Es ist nämlich sehr wohl möglich, sich solidarisch, eins, oder auf demselben Standpunkt stehend wie ein anderer zu erklären, ohne deshalb daraus dieselben Konsequenzen ziehen zu müssen. Speziell in diesem Falle hat Serbien die Konsequenz, die es aus seinem Kriegszustand und dem seiner Alliierten mit den Mittelmächten zieht, nämlich den Abbruch der diplomatischen Beziehungen mit Deutschland, ausdrücklich erwähnt, nicht aber seinen Willen, ihm den Krieg zu erklären. Die von Serbien erwähnten Bündnisverträge an sich bedeuten unter keinen Umständen, daß von selbst der Krieg zwischen allen den Verbündeten ausbricht, wenn einer von ihnen in einen Krieg verwickelt wird.[20])

Man hätte vielleicht zweifeln können, ob die obige Note nicht doch eine Kriegserklärung dargestellt hätte, wenn Serbien ganz allgemein erklärt hätte, daß es sich wegen seines Krieges mit Österreich und wegen des Krieges Rußlands und der übrigen Verbandsstaaten mit Deutschland diesem gegenüber mit Rußland solidarisch erklärt und daraus keine weitere Konsequenz gezogen hätte. Doch hätte selbst dies nach der im theoretischen Teil[21]) vertretenen Auffassung keine Kriegserklärung dargestellt, weil eine solche immer ausdrücklich und unzweideutig zu erfolgen hat.

V. Krieg zwischen Deutschland und Belgien.

Am 2. August 1914 erhielt der deutsche Gesandte in Brüssel eine telegraphische Anweisung folgenden Inhalts von seiner Regierung:

Der Kaiserlichen Regierung liegen zuverlässige Nachrichten vor über den beabsichtigten Aufmarsch französischer Streitkräfte an der Maas Strecke Givet-Namur. Sie lassen keinen Zweifel über die Absicht Frankreichs, durch belgisches Gebiet gegen Deutschland vorzugehen.

---

[20]) Vgl. den theoretischen Teil der Arbeit S. 126.

[21]) Seite 123, 124 der Arbeit.

Die Kaiserliche Regierung kann sich der Besorgnis nicht erwehren, daß Belgien, trotz besten Willens, nicht imstande sein wird, ohne Hilfe einen französischen Vormarsch mit so großer Aussicht auf Erfolg abzuwehren, daß darin eine ausreichende Sicherheit gegen die Bedrohung Deutschlands gefunden werden kann. Es ist ein Gebot der Selbsterhaltung für Deutschland, dem feindlichen Angriff zuvorzukommen. Mit dem größten Bedauern würde es dabei die deutsche Regierung erfüllen, wenn Belgien einen Akt der Feindseligkeit gegen sich darin erblicken würde, daß die Maßnahmen seiner Gegner Deutschland zwingen, zur Gegenwehr auch seinerseits belgisches Gebiet zu betreten. Um jede Mißdeutung auszuschließen, erklärt die Kaiserliche Regierung das Folgende:

1. Deutschland beabsichtigt keinerlei Feindseligkeiten gegen Belgien. Ist Belgien gewillt, in dem bevorstehenden Kriege Deutschland gegenüber eine wohlwollende Neutralität einzunehmen, so verpflichtet sich die deutsche Regierung, beim Friedensschluß Besitzstand und Unabhängigkeit des Königreichs im vollen Umfang zu garantieren.

2. Deutschland verpflichtet sich unter obiger Voraussetzung, das Gebiet des Königreichs wieder zu räumen, sobald der Friede geschlossen ist.

3. Bei einer freundschaftlichen Haltung Belgiens ist Deutschland bereit, im Einvernehmen mit den Königlich belgischen Behörden alle Bedürfnisse seiner Truppen gegen Barzahlungen anzukaufen und jeden Schaden zu ersetzen, der etwa durch deutsche Truppen verursacht werden könnte. Sollte Belgien den deutschen Truppen feindlich entgegentreten, insbesondere ihrem Vorgehen durch Widerstand der Maasbefestigungen, oder durch Zerstörung von Eisenbahnen, Straßen, Tunnels oder sonstigen Kunstbauten Schwierigkeiten bereiten, so *wird Deutschland zu seinem Bedauern gezwungen sein, das Königreich als Feind zu betrachten.* In diesem Falle würde Deutschland dem Königreich gegenüber keine Verpflichtungen übernehmen können, sondern müßte die spätere Regelung des Verhältnisses beider Staaten zueinander der Entscheidung der Waffen überlassen.

Die Kaiserliche Regierung gibt sich der bestimmten Hoffnung hin, daß diese Eventualität nicht eintreten, und daß die Königlich belgische Regierung die geeigneten Maßnahmen zu treffen wissen wird, um zu verhindern, daß Vorkommnisse, wie die vorstehend erwähnten, sich ereignen. In diesem Falle würden die freundschaftlichen Bande, die beide Nachbarstaaten verbinden, eine weitere und dauernde Festigung erfahren.

Euer Hochwohlgeboren wollen heute Abend 8 Uhr der Königlich belgischen Regierung hiervon streng vertraulich Mitteilung machen und sie um Erteilung einer unzweideutigen Antwort binnen zwölf Stunden, also bis morgen früh 8 Uhr ersuchen. Von der Aufnahme, welche Ihre Eröffnungen dort finden werden, und der definitiven Antwort der Königlich belgischen Regierung wollen Euer Hochwohlgeboren mir umgehend telegraphische Meldung zugehen lassen. gez. Jagow.

Auf dieses deutsche Ultimatum, welches Belgien pünktlich vorgelegt wurde, erwiderte die belgische Regierung, daß ein Angriff auf ihre Neutralität eine Verletzung des Völkerrechts sein würde, daß die Annahme des deutschen Vorschlags das Opfer der Ehre Belgiens, und daß sie fest entschlossen sei, ihrer Pflicht bewußt, einem Angriff mit allen möglichen Mitteln zu begegnen.[22])

Das deutsche Heer war also inzwischen in Belgien ein-

---

[22]) Hierzu bemerkte der Reichskanzler im Deutschen Reichstage am Dienstag den 4. August 1914 3 Uhr nachmittags: „Meine Herren, wir sind jetzt in der Notwehr und Not kennt kein Gebot. Unsere Truppen haben Luxemburg besetzt, vielleicht schon belgisches Gebiet betreten. Meine Herren, das widerspricht den Geboten des Völkerrechts. Die französische Regierung hat zwar in Brüssel erklärt, die Neutralität Belgiens respektieren zu wollen, solange der Gegner sie respektiert. Wir wußten aber, daß Frankreich zum Einfall bereit stand. Frankreich konnte warten, wir aber nicht. Ein französischer Einfall in unsere Flanke am unteren Rhein hätte verhängnisvoll werden können. So waren wir gezwungen, uns über den berechtigten Protest der luxemburgischen und belgischen Regierung hinwegzusetzen. Das Unrecht — ich spreche offen — das Unrecht, das wir damit tun, werden wir wieder gutzumachen suchen, sobald unser militärisches Ziel erreicht ist.“

marschiert,[23]) und damit begannen, wie es die belgische Regierung auf die Note vom 2. August unzweideutig zu verstehen gegeben hatte, die Feindseligkeiten. Trotzdem wollte Deutschland noch eine Versöhnung versuchen und der Oberbefehlshaber der deutschen Truppen, die in Belgien eingerückt waren, erließ eine versöhnliche Bekanntmachung an die Belgier, die ganz im Sinne der Note vom 2. August gehalten war. Obwohl man darauf nicht einging, machte die deutsche Regierung nach der Einnahme von Lüttich durch Vermittlung einer neutralen Macht in Brüssel nochmals einen wiederum vergeblichen Vorschlag zur friedlichen Einigung.[24]) Holland vermittelte (siehe Graubuch Nr. 60 am 9. August.)

---

[23]) Die erste Meldung über den Einmarsch siehe in der N. A. Z. Nr. 184 (Belg. Graubuch Nr. 40).

[24]) „Die Festung Lüttich ist nach tapferer Gegenwehr im Sturm genommen worden. Die deutsche Regierung bedauert es auf das tiefste, daß es infolge der Stellungnahme der belgischen Regierung gegen Deutschland zu blutigen Zusammenstößen gekommen ist. Deutschland kommt nicht als Feind nach Belgien. Nur unter dem Zwang der Verhältnisse hat es angesichts der militärischen Maßnahmen Frankreichs den schweren Entschluß fassen müssen, in Belgien einzurücken und Lüttich als Stützpunkt für seine weiteren militärischen Operationen besetzen müssen.

Nachdem die belgische Armee in heldenmütigem Widerstand gegen die große Überlegenheit ihre Waffenehre auf das glänzendste gewahrt hat, bittet die deutsche Regierung Seine Majestät den König und die belgische Regierung, Belgien die weitern Schrecken des Krieges zu ersparen. Die deutsche Regierung ist zu jedem Abkommen mit Belgien bereit, das sich irgendwie mit Rücksicht auf ihre Auseinandersetzung mit Frankreich vereinigen läßt.

Deutschland versichert nochmals feierlichst, daß es nicht von der Absicht geleitet gewesen ist, sich belgisches Gebiet anzueignen und daß ihm diese Absicht durchaus fernliegt. Deutschland ist noch immer bereit, das belgische Königreich unverzüglich zu räumen, sobald die Kriegslage es ihm gestattet."

Hierauf antwortete Belgien am 12. August 1914: „Der uns von der deutschen Regierung unterbreitete Vorschlag wiederholt die in dem Ultimatum vom 2. August formulierte Forderung. Getreu seinen internationalen Verpflichtungen kann Belgien nur seine Antwort auf dieses Ultimatum wiederholen, um so mehr als seit dem 3. August seine Neutralität verletzt und ein schmerzvoller Krieg in sein Gebiet getragen worden ist und die Garantiemächte loyal und unverzüglich seinem Hilferuf entsprochen haben." (Belg. Graub. Nr. 60 u. 65.)

Wenn also Deutschland dem Einmarsch, einem an sich feindlichen Akt, den feindlichen Charakter zu nehmen suchte, indem es darüber mit Belgien verhandelte, die belgische Regierung sich aber von Anfang an nicht darauf einließ, kann es nicht zweifelhaft sein, daß der Kriegsanfang nicht erst vom Scheitern dieser letzten Verhandlungen an zu datieren ist, sondern höchstens vom Ablauf der im Ultimatum bestimmten Frist, oder vom Einmarsch der deutschen Truppen in belgisches Gebiet (was die belgische Regierung anzunehmen scheint), oder aber schon vor Ablauf der im Ultimatum bestimmten Zeit, von dem Zeitpunkt der Ablehnung der deutschen im Ultimatum gestellten Forderungen. (Vgl. darüber unten S. 125 Anm. 4a.)

VI. Krieg zwischen Deutschland und England.

In der Sitzung des Unterhauses vom 3. Juli 1914 gab Sir Edward Grey[25]) folgende Erklärung über das Verhältnis Englands zu Frankreich und Deutschland ab: Die französische Flotte ist im Mittelmeer, die Nordküste Frankreichs ist ungeschützt. Wenn eine fremde, im Krieg mit Frankreich befindliche Flotte käme und die unverteidigte Küste angriffe, so könne England nicht ruhig zusehen. Nach seiner starken Empfindung sei Frankreich berechtigt, sofort zu wissen, ob im Fall eines Angriffs auf seine unbeschützte Küste es auf englischen Beistand rechnen könne. Grey erklärt, daß er gestern Abend dem französischen Botschafter die Versicherung gab, daß, wenn die deutsche Flotte in den Kanal und in die Nordsee ginge, um die französische Küste anzugreifen, die britische Flotte jeden in ihrer Macht liegenden Schritt gewähren würde. Diese Erklärung bedürfe der Genehmigung des Parlaments. Sie sei keine Kriegserklärung. Er habe erfahren, daß die deutsche Regierung bereit sein würde, wenn England sich zur Neutralität verpflichte, zuzustimmen, daß die deutsche Flotte die Nordküste Frankreichs nicht angreifen

---

[25]) Vgl. auch seine Unterredung mit Fürst Lichnowsky vom 29. Juli (Blaubuch Nr. 89).

würde. Dies wäre eine viel zu schmale Basis für Verpflichtungen englischerseits.

Am andern Tage nachmittags, kurz nach der Rede des Reichskanzlers über die Verletzung der belgischen Neutralität, erschien der großbritannische Botschafter Sir Edward Goschen im Reichstag, um dem Staatssekretär von Jagow eine Mitteilung seiner Regierung zu machen (englisches Blaubuch Nr. 159). In dieser wurde die deutsche Regierung um alsbaldige Antwort auf die Frage ersucht, ob sie die Versicherung abgeben könne, daß keine Verletzung der belgischen Neutralität stattfinden würde. Staatssekretär von Jagow erwiderte sofort, daß dies nicht möglich sei, und setzte nochmals die Gründe auseinander, die Deutschland zwangen, sich gegen einen Einfall einer französischen Armee durch Betreten belgischen Bodens zu sichern. Darauf entfernte sich Sir Edward Goschen, erschien aber kurz nach 7 Uhr im Auswärtigen Amt, um ein Ultimatum zu stellen und — nach dessen Ablehnung — seine Pässe zu fordern.[26])

VII. Krieg zwischen Österreich-Ungarn und Rußland.

Am 6. August teilte der österreichisch-ungarische Gesandte in St. Petersburg Graf Szápáry namens seiner Regierung der russischen Regierung mit, daß Österreich-Ungarn angesichts der drohenden Haltung Rußlands in dem Konflikt mit Serbien, sowie im Hinblick auf den Kriegszustand, der infolge des Angriffs Rußlands auf Deutschland zwischen diesen beiden Mächten eingetreten sei, sich seinerseits als im Kriegszustand mit Rußland befindlich betrachte. (Die amtliche Wiener Zeitung vom 6. August 1914 veröffentlicht die Kriegserklärung Österreich-Ungarns im Wortlaut.)[27])

Noch am selben Tage teilte die österreichisch-ungarische Regierung dies den fremden Mächten mit.

---

[26]) N. A. Z. Nr. 181 u. Blaubuch Nr. 159, 160.

[27]) Sie steht auch im Rotbuch Nr. 59, im russ. Orangebuch Nr. 79.

VIII. Krieg zwischen Österreich-Ungarn und Montenegro.

Am 7. August teilte die montenegrinische Regierung dem K. und K. Gesandten in Cetinje mit, daß Montenegro sich zur Verteidigung der serbischen Sache genötigt sehe, die Waffen zu ergreifen und sie sich infolgedessen als im Kriegszustand mit Österreich-Ungarn befindlich betrachte. Zugleich wurde die Mission des österreichisch-ungarischen Gesandten in Cetinje als beendet erklärt. Der K. und K. Gesandte Otto hat daraufhin Cetinje verlassen.

Einige Tage später stellte die montenegrinische Regierung dem deutschen diplomatischen Vertreter in Cetinje, v. Eckardt, ebenfalls seine Pässe zu, ohne jedoch Deutschland den Krieg zu erklären. Zwischen dem Deutschen Reich und Montenegro ist es also nur zum Abbruch der diplomatischen Beziehungen, nicht zum Krieg gekommen.

IX. und X. Krieg Österreich-Ungarns mit Frankreich und England.

Am 11. August 1914 vormittags teilte die französische Regierung dem österreichisch-ungarischen Botschafter in Paris mit, daß sie sich infolge des insbesonders innerhalb der letzten drei Tage zwischen Paris und Wien gepflogenen Meinungsaustausches auf Grund der internationalen Lage und mit Rücksicht auf die ungenügenden Erklärungen, welche die österreichisch-ungarische Regierung, betreffend die Entsendung österreichisch-ungarischer Truppen nach Deutschland gegeben hatte, genötigt sehe, den französischen Botschafter in Wien abzuberufen. Der österreichisch-ungarische Botschafter bat darauf den Minister des Auswärtigen ihm seine Pässe zuzustellen. Er verließ dann Paris in einem nach Italien abgehenden Sonderzuge.

Am 13. August 1914 mittags um 12½ Uhr erschien der großbritannische Botschafter Bunsen im Ministerium des Äußern in Wien und gab die Erklärung ab, daß sich Frankreich als im Kriegszustand mit Österreich-Ungarn befindlich betrachte, da dieses den Bundesgenossen Frankreichs, Rußland bekämpft und Frankreichs Feind, das Deutsche Reich, unterstütze.

Zugleich erklärte der großbritannische Botschafter, daß mit Rücksicht auf das Verhalten Frankreichs, auch Großbritannien sich als im Kriegszustande mit der Monarchie befindlich betrachte, von Mittwoch den 12. August 1914 12 Uhr Mitternacht an. Gleichzeitig forderte der Gesandte seine Pässe.

Bereits am Tage vorher hatte der österreich-ungarische Botschafter eine Note des englischen Auswärtigen Amtes folgenden Inhalts erhalten: Auf Wunsch der französischen Regierung, die nicht mehr in der Lage ist, unmittelbar mit der österreich-ungarischen Regierung zu verkehren, habe ich Eurer Exzellenz nachfolgende Mitteilung zu machen: Die österreich-ungarische Regierung hat sich, nachdem sie an Serbien den Krieg erklärt und somit in Europa den Beginn der Feindseligkeiten eröffnet hatten, ohne jede Provokation seitens der französischen Regierung in Kriegszustand mit Frankreich gesetzt. Erstens hat Österreich-Ungarn, nachdem Deutschland erst Rußland und dann Frankreich den Krieg erklärt hatte, in diesem Konflikt Partei ergriffen, indem es seinerseits Rußland den Krieg erklärte, das bereits an der Seite Frankreichs im Kampf begriffen war. Zweitens: Nach zahlreichen glaubwürdigen Informationen hat Österreich-Ungarn Truppen an die deutsche Grenze geschickt unter Bedingungen, die einer direkten Bedrohung Frankreichs gleichkommen. Angesichts dieser Tatsachen sieht sich die französische Regierung gezwungen, der österreich-ungarischen Regierung zu erklären, daß sie alle Maßnahmen ergreifen wird, um diesen Handlungen und Drohungen entgegenzutreten."

Anschließend an diese Mitteilung erklärte Sir Edward Grey dem österreich-ungarischen Botschafter in London: Nachdem der Bruch zwischen Österreich-Ungarn und Frankreich in der angegebenen Weise erfolgt sei, sehe sich die Königlich englische Regierung genötigt zu erklären, daß von Mitternacht angefangen, der Kriegszustand auch zwischen Großbritannien und Österreich eingetreten sei.

Diese letzte Note vom 12. August 1914 dürfte als die Kriegserklärung Frankreichs und Englands angesehen werden, nicht etwa die Mitteilung, die der englische Gesandte Tags darauf in Wien machte.

XI. und XII. Krieg zwischen Deutschland, Österreich-Ungarn und Japan.

Der japanische Geschäftsträger in Berlin überreichte am 17. August 1914 im Auftrag seiner Regierung dem deutschen Auswärtigen Amte eine Note, die in deutscher Übersetzung folgendermaßen lautet: „Die Kaiserlich japanische Regierung erachtet es in der gegenwärtigen Lage für äußerst wichtig und notwendig, Maßnahmen zu ergreifen, um alle Ursachen einer Störung des Friedens im fernen Osten zu beseitigen und das allgemeine Interesse zu wahren, das durch den Bündnisvertrag zwischen Japan und Großbritannien ins Auge gefaßt ist, um einen festen und dauernden Frieden in Ostasien zu sichern, dessen Herstellung das Ziel des besagten Abkommens bildet. Sie hält es deshalb aufrichtig für ihre Pflicht, der Kaiserlich deutschen Regierung den Rat zu erteilen, die nachstehenden beiden Vorschläge auszuführen:

Erstens: Unverzüglich aus den japanischen und chinesischen Gewässern die deutschen Kriegsschiffe und bewaffneten Fahrzeuge jeder Art zurückzuziehen und diejenigen, die nicht zurückgezogen werden können, alsbald abzurüsten.

Zweitens: Bis spätestens 15. September 1914 das gesamte Pachtgebiet von Kiautschou bedingungslos und ohne Entschädigung den Kaiserlich japanischen Behörden zu dem Zweck auszuantworten, es eventuell an China zurückzugeben.

Die Kaiserlich japanische Regierung kündigt gleichzeitig an, daß sie, falls sie nicht bis zum 23. August 1914, mittags, von der Kaiserlich deutschen Regierung eine Antwort erhalten sollte, die die bedingungslose Annahme der vorstehenden, von der Kaiserlich japanischen Regierung erteilten Ratschläge enthält, sich genötigt sehen wird, so vorzugehen, wie sie es nach Lage der Sache für notwendig befinden wird.“[28])

Auf diese Note, die zwar von der allgemeinen Anschauung als Ultimatum betrachtet wird, in Wahrheit aber keins ist, weil sie keine Kriegsandrohung enthält (in gleicher Weise wie die Note Japans an Rußland 1904, die mit den gleichen Wendungen schließt, wie die vorliegende, so daß man beinahe von einer „japanischen Praxis“ sprechen könnte) wurde dem japanischen Geschäftsträger in Berlin am 23. August 1914 nachstehende mündliche Erklärung abgegeben: „Auf die Forderungen Japans hat die deutsche Regierung keinerlei Antwort zu geben. Sie sieht sich daher veranlaßt, ihren Botschafter in Tokio abzuberufen und dem japanischen Geschäftsträger in Berlin seine Pässe zuzustellen.“[29]) Die Mitglieder der deutschen Botschaft in Tokio und der deutschen Konsulate in Japan sind dann tatsächlich am 31. August 1914 auf dem amerikanischen Dampfer Minnesota nach den Vereinigten Staaten abgereist.

Am nächsten Tage machte der österreich-ungarische Botschafter in Berlin dem Auswärtigen Amte folgende Mitteilung. Im Allerhöchsten Auftrage ergeht an das Kommando Seiner Majestät Schiff Kaiserin Elisabeth in Tsingtau der telegraphische Befehl, „daß die Kaiserin Elisabeth in Tsingtau mitzukämpfen habe“. Der österreich-ungarische Botschafter in Tokio wurde hiervon durch den österreich-ungarischen Minister des Äußern verständigt und ersucht, mit Rücksicht auf das Vorgehen Japans Deutschland gegenüber, seine Pässe zu verlangen, die Konsulate zu verständigen und mit der Kolonie, dem Botschafts- und Konsulatspersonal nach Amerika abzureisen, nachdem er Österreich-Ungarns Interessen dem amerikanischen Botschafter anvertraut hätte. Dem japanischen Geschäftsträger in Wien wären ebenfalls seine Pässe zugestellt worden.[30])

Darauf begannen in Ostasien die Feindseligkeiten ohne weitere Ankündigung, also ohne Kriegserklärung Österreich-Ungarns, obwohl dieses dem Haager Abkommen von 1907 beigetreten war.

---

[28]) Neuausgabe des Weißbuches Abschnitt 3 Nr. 29.
[29]) Neuausgabe des Weißbuchs Abschnitt 3 Nr. 30.
[30]) Rotbuch Nr. 69.

Es ist auffallend, daß Japan trotz der Erregung, die sein Vorgehen im Jahre 1904 in Europa hervorrief, bei seiner alten Taktik blieb und interessant, wie wenig man sich jetzt über die Form seiner Kriegserklärung erregte. Obwohl es das III. Abkommen von 1907 nachträglich ratifiziert hatte (vgl. RGBl. 1912 S. 169), begnügte es sich jetzt, wie 1904, damit, den Beginn der Feindseligkeiten in einem Manifest anzukündigen und zwar nur gegen Deutschland. Das Manifest lautete in deutscher Übersetzung: „Wir durch des Himmels Gnade Kaiser von Japan, dessen Thron von derselben Dynastie eingenommen wird aus uralter Zeit her, tun hiermit allen unseren loyalen Untertanen Unsern Kaiserlichen Willen kund: Wir erklären hiermit Krieg gegen Deutschland, und wir geben unserer Armee und unserer Flotte Order, gegen dieses Kaiserreich die Feindseligkeiten mit aller Stärke zu beginnen. Wir ermahnen hiermit alle Behörden, sich bis auf das Äußerste anzustrengen und jeder gehorsam seine Pflichten zu erfüllen, um das nationale Ziel mit allen Mitteln zu erreichen in den Grenzen des Völkerrechts. Nach Ausbruch des jetzigen Kriegs in Europa, dessen beklagenswerte Wirkung Wir mit tiefem Kummer gesehen haben, haben Wir Unsererseits die Hoffnung gehabt, den Frieden zu bewahren und strenge Neutralität. Aber Deutschlands Aktion hat auf die Dauer Großbritannien, unseren Verbündeten, gezwungen, die Feindseligkeiten gegen dieses Land zu eröffnen. Deutschland arbeitet auch in Kiautschou, diesem in China gepachteten Territorium, mit Kriegsausrüstungen, indem dessen Soldaten und Kriegsschiffe Unseren und den Handel der Alliierten bedrohen. Mit Rücksicht hierauf haben wir und Seine britische Majestät nach reifer und ehrlicher Überlegung miteinander den Beschluß gefaßt, alle Maßregeln zu treffen, welche für den Schutz und die allgemeinen Interessen des Allianzvertrages notwendig sind. Wir haben Unsererseits gewünscht, dieses Ziel durch friedliche Mittel zu erreichen, weshalb wir Unsere Regierung aufforderten, einen aufrichtig gemeinten Rat der Kaiserlich deutschen Regierung zu überreichen. Indessen hat bis auf den letzten Tag, der hierzu bestimmt war, Unsere Regierung keinerlei Antwort erhalten, daß dieser Rat angenommen wird. Deshalb beklagen wir tief, daß wir trotz aller unserer großen Ergebenheit für die Sache des Friedens also gezwungen sind, Krieg zu erklären, und dies bei einer so frühen Periode Unserer Regierung, während wir noch Unsere heimgegangene Mutter beklagen. Es ist Unser ernster Wunsch, daß durch die Loyalität Unserer treuen Untertanen und durch ihre Tüchtigkeit der Frieden schnell wiederhergestellt und des Kaiserreichs Ehre vergrößert werde.“ [31])

XIII. Krieg zwischen Österreich-Ungarn und Belgien.

Am 28. August wurde der österreich-ungarische Gesandte am belgischen Hofe von seiner Regierung beauftragt, dem belgischen Minister des Äußern folgendes mitzuteilen, was er durch Vermittlung des holländischen Ministers des Äußern tat, da er der belgischen Regierung nicht nach Antwerpen gefolgt war. „Da Belgien nach Ablehnung der ihm wiederholt vom Deutschen Reiche gestellten Anträge seinen militärischen Beistand Frankreich und Großbritannien leiht, welche beide Österreich-Ungarn den Krieg erklärt haben, und angesichts der Tatsache, daß, wie festgestellt, österreichische und ungarische Staatsangehörige in Belgien unter den Augen der belgischen Behörden eine Behandlung über sich ergehen lassen müßten, welche den primitivsten Anforderungen der Menschlichkeit widerspricht, und selbst gegenüber Untertanen eines feindlichen Staates unzulässig ist, sieht sich Österreich-Ungarn genötigt, die diplomatischen Beziehungen abzubrechen und betrachtet sich von diesem Augenblick an als im Kriegszustand mit Belgien befindlich. Er verlasse das Land mit dem Personal der Gesandtschaft und vertraue den Schutz der österreich-ungarischen Staatsangehörigen dem Gesandten der Vereinigten Staaten von Amerika in Belgien an.“

Von der österreich-ungarischen Regierung wurden darauf dem belgischen Gesandten in Wien die Pässe zugestellt.[32]) Auf diese Kriegserklärung antwortete der belgische Minister des Äußern am 29. und verwahrt sich dagegen, daß Belgien

---

[31]) N. A. Z. Nr. 206.

[32]) Graubuch Nr. 77.

dadurch, daß es Verteidigungsmaßnahmen ergreife, Feindseligkeiten begehe. Er bestreite in seiner Antwort auch die Mißhandlung österreich-ungarischer Staatsangehöriger.[33])

Die Kriegserklärung Österreich-Ungarns an Belgien ist insofern interessant, als sie sich an einen dauernd neutralen Staat, also gewissermaßen ein völkerrechtlich untaugliches Objekt richtet. Aus diesem Grunde kann man sie als formell nichtig ansehen, weil in der Rechtswelt ein Krieg einem dauernd neutralisierten Staat nicht erklärt werden kann.[34]) Tatsächlich kann natürlich ein Krieg mit einem solchen Staat bestehen, dieser Krieg wird dann aber nicht etwa mit der vielleicht vorher erfolgten Kriegserklärung begonnen, sondern mit der tatsächlichen Eröffnung der Feindseligkeiten.

XIV. Krieg zwischen der Türkei und Rußland, England, Frankreich.

Die türkische Regierung teilt über die Kämpfe, die vom 28.—31. Oktober zwischen der türkischen und russischen Flotte stattfanden, folgendes amtlich mit: „Während ein kleiner Teil der ottomanischen Flotte am 28. Oktober im Schwarzen Meer Übungen vornahm, eröffnete die russische Flotte, nachdem sie längere Zeit diesen Übungen gefolgt war und sie zu stören suchte, am Donnerstag die Feindseligkeiten, indem sie die ottomanischen Schiffe angriff. Nachdem die Schiffe, die bei dieser Gelegenheit von der türkischen Flotte versenkt wurden, und die Gefangenenzahl angegeben sind, schließt der türkische Bericht: „Die Kaiserliche Regierung wird ohne Zweifel mit äußerstem Nachdruck gegen diese feindselige Handlung Einspruch erheben, die von der russischen Flotte gegen einen geringfügigen Teil unserer Flotte unternommen worden ist.“ Eine andere amtliche Mitteilung vom 31. Oktober besagt, daß aus Aussagen gefangener russischer Matrosen und der Anwesenheit eines russischen Minenlegers die Absicht der russischen Flotte, den Bosporus durch Minen zu sperren, hervor-

---

[33]) Graubuch Nr. 78.

[34]) a. A. v. Liszt, Völkerrecht S. 61.

ging. „In der Annahme, daß sie (die türkische Flotte) hierdurch der Gefahr eines Überfalls ausgesetzt sein würde und in der Voraussetzung, daß die Russen die Feindseligkeiten ohne vorhergegangene Kriegserklärung eröffnet hatten, machte sich die türkische Flotte an die Verfolgung der russischen . . .“

Am 31. Oktober gab die russische Regierung ihrem Botschafter in Konstantinopel auf Grund dieser Ereignisse den Auftrag, den Abbruch der diplomatischen Beziehungen zwischen Rußland und der Türkei der Pforte mitzuteilen und die Vertretung der russischen Interessen der italienischen Regierung anzuvertrauen.

Noch am selben Tage reiste der russische Botschafter mit dem englischen Botschafter, dem die Pässe zugestellt waren, ab; der französische Botschafter, der ebenfalls seine Pässe erhalten hatte, verließ Konstantinopel erst am folgenden Tage. Am 2. November überreichte auch der serbische Gesandte der Pforte eine Note, in der auf Grund dieser Vorgänge er im Auftrage der serbischen Regierung die Beziehungen für abgebrochen erklärte und Pässe für sich und das Gesandtschaftspersonal verlangte.

In einer Besprechung der Lage gaben am 2. November die offiziösen Blätter zu, daß die Zwischenfälle im Schwarzen Meere wohl die Form des Krieges angenommen hätten, sind aber der Ansicht, daß damit ein offizieller Kriegszustand nicht geschaffen sei, obwohl die Pforte im Recht sei, wolle sie beweisen, daß sie sich im Verteidigungszustand befinde, sie werde daher trotz der jetzt im Schwarzen Meer erlangten Überlegenheit zur See nicht zuerst den Krieg erklären. Der „Tanin“ betrachtet die Ereignisse im Schwarzen Meer als Grenzzwischenfälle und sagt: wenn Rußland will, so werden wir nicht weitergehen; der Schlüssel zum Frieden liegt in St. Petersburg.

In der Tat verlas der türkische Geschäftsträger in St. Petersburg am 1. November dem Minister des Äußern eine Depesche des Großvesirs, in der dieser seinem Bedauern darüber Ausdruck gab, daß durch den feindlichen Akt der russischen Flotte die guten Beziehungen der beiden Mächte abgebrochen seien.

Die türkische Regierung erklärt sich dabei zu jedem Entgegenkommen bereit, um die Angelegenheit friedlich beizulegen. „Ich hoffe fest, schließt die Depesche, daß die Kaiserlich russische Regierung in dieser Angelegenheit denselben Geist der Versöhnlichkeit wie wir zeigen wird, im Interesse der beiden Länder.“

Nach Anhörung der Depesche stellte der russische Minister des Äußern formell in Abrede, daß die Feindseligkeiten von der russischen Flotte begonnen worden seien. Dann fuhr er fort, er halte es für zu spät, irgendwelche Verhandlungen anzuknüpfen; nur wenn die Türkei sogleich alle deutschen Beamten aus dem Heer und der Flotte entfernt hätte, würde es möglich gewesen sein, Verhandlungen über eine Entschädigung der Personen zu beginnen, die durch den hinterlistigen Angriff der rumänischen Küste gelitten hatten. Da aber die obige Erklärung nichts an der Lage ändere, teilte er dem türkischen Geschäftsträger Fahr Eddin mit, daß er am folgenden Tage die Pässe erhalten werde, um Petersburg zu verlassen.[35]) Am 3. November reiste der türkische Botschafter mit den Mitgliedern der Botschaft von St. Petersburg über Finnland ab. Am selben Tage rief die Hohe Pforte ihre Gesandten in London, Paris und Belgrad ab.

Bereits am 4. November teilte eine offizielle durch die Agence Ottomane veröffentlichte Note den Beginn der Feindseligkeiten folgendermaßen mit: Nach amtlichen Nachrichten von der kaukasischen Grenze haben die Russen an mehreren Punkten unsere Grenztruppen angegriffen. Im Mittelmeer haben englische Kreuzer das Feuer eröffnet. Diese beiden Ereignisse zeigen, daß unsere Feinde zu Lande und zu Wasser die Feindseligkeiten gegen uns eröffnet haben, die sie seit langer Zeit gegen uns vorhatten. Die ganze ottomanische Nation ist bereit,

---

[35]) Die Neue Freie Presse vom 3. November meldete aus Konstantinopel: Die Verhandlungen zur Beilegung des Konflikts, die von den Botschaftern des Dreiverbandes angebahnt waren, zogen sich bis zur letzten Stunde hin, scheiterten jedoch an dem energischen Willen der Pforte, die Angebote des Dreiverbandes, der die sofortige Abberufung der deutschen Militärmission verlangte, nicht anzunehmen. Der Umstand, daß die Botschafter ohne Kriegserklärung abreisten, wird in türkischen Kreisen als Zeichen der Schwäche ausgelegt.

vertrauend auf den Schutz Gottes, des einzigen Schützers von Recht und Billigkeit, auf diese Angriffe zu antworten, die darauf abzielen, unsere Existenz zu vernichten. —

Durch die vorstehenden Ereignisse ist der Krieg nur zwischen der Pforte mit Rußland, England und Frankreich, und zwar durch Beginn der Feindseligkeiten ausgebrochen. Die Abberufung der Gesandten bleibt für die Kriegserklärung bedeutungslos. Darum befindet sich Serbien trotz des Abbruchs der diplomatischen Beziehungen mit der Pforte nicht im Kriegszustand. Ebensowenig Belgien.

1915.

I. Der Krieg Österreich-Ungarns mit Italien.

Nach der Kündigung seines Bündnisvertrages mit Österreich-Ungarn wurde die Kriegserklärung Italiens an die Donaumonarchie fast als eine unvermeidliche Notwendigkeit angesehen. Überrascht konnte man nur noch durch den Zeitpunkt ihrer Vornahme und ihre Begründung werden.

Am 23. Mai erklärte der italienische Botschafter Herzog von Avarna in Wien im Namen seiner Regierung im österreichischen Auswärtigen Amte, daß sich Italien von heute Mitternacht ab als im Kriegszustand mit Österreich-Ungarn befindlich betrachte. Der Text der dem K. und K. Minister des K. und K. Hauses überreichten Kriegserklärung war folgender: Wien, am 23. Mai 1915. Den Befehlen Seiner Majestät des Königs, seines erhabenen Herrschers entsprechend, hat der unterzeichnete Königlich italienische Botschafter die Ehre, Seiner Exzellenz, dem Herrn österreich-ungarischen Minister des Äußern folgende Mitteilung zu übergeben:

Am 4. dieses Monats wurden der K. und K. Regierung die schwerwiegenden Gründe bekannt gegeben, weshalb Italien im Vertrauen auf sein gutes Recht seinen Bündnisvertrag mit Österreich-Ungarn, der von der K. und K. Regierung verletzt worden war, für nichtig und von nun an wirkungslos erklärt und seine volle Handlungsfreiheit in dieser Hinsicht wieder erlangt hat. Fest entschlossen mit allen Mitteln, über die sie verfügt, für die Wahrung der italienischen Rechte und Interessen Sorge zu tragen, kann die Königliche Regierung sich nicht ihrer Pflicht entziehen, gegen jede gegenwärtige und künftige Bedrohung zum Zwecke der Erfüllung der nationalen Aspirationen jene Maßnahmen zu ergreifen, die ihr die Ereignisse auferlegen. Seine Majestät der König erklärt, daß er sich von morgen ab als im Kriegszustande mit Österreich-Ungarn befindlich betrachte.

Der Unterzeichnete hat die Ehre Seiner Exzellenz dem Herrn Minister des Äußern gleichzeitig mitzuteilen, daß noch heute dem K. und K. Botschafter in Rom die Pässe zugestellt werden und er wäre Seiner Exzellenz dankbar, wenn ihm die seinen übermittelt würden. gez. Avarna.

Am gleichen Tage erließ Kaiser Franz Joseph ein Manifest an seine Völker.[36])

Am Tage der Kriegserklärung Italiens an Österreich-Ungarn begab sich der deutsche Botschaftsrat von Hindenburg nachmittags um 5 Uhr auf die Consulta, wo er im Auftrage des Fürsten von Bülow unter Hinweis auf den Abbruch der Beziehungen zwischen Italien und Österreich-Ungarn die Pässe für den Kaiserlich deutschen Botschafter forderte. Bei der Kriegserklärung Italiens an Österreich-Ungarn wird ersichtlich, daß diese nur zwischen den beiden Staaten und nur für die Geltung hat, zwischen welchen sie ausdrücklich ausgesprochen wurde. Mag der eine oder andere von diesen zwei Staaten noch so viele Bündnisse mit anderen Mächten haben, die vielleicht gerade im Hinblick auf diesen Krieg geschlossen wurden (pactum de combellando) und welche die dritte Macht zum Eingreifen verpflichtet; aus der Tatsache der Kriegserklärung an den betreffenden andern Staat ist diese Macht im Innenverhältnis zum andern Staate vielleicht ebenfalls zum Eingreifen verpflichtet, aber die Kriegserklärung wirkt nicht unmittelbar gegenüber dem Bundesgenossen. „Wer für den Fall eines Krieges zur Hilfe verpflichtet ist, für den beginnt bei Ausbruch des Krieges der Kriegszustand mit dem Gegner des Partners nicht von selbst. Und ebenso: wer an

[36]) Den Inhalt siehe N. A. Z. Nr. 143.

der Seite des Bundesgenossen kämpft, wird nicht von selbst auch Gegner eines neuen Feindes, mit dem der Partner in Krieg gerät. Das Verhältnis des Gegners zum weiteren Gegner des Bundesgenossen bedarf eines besondern Entstehungsaktes.“[37])

Wenn also Deutschland auf Grund der erfolgten Ereignisse die diplomatischen Beziehungen mit Italien abbricht, so erfolgt dies nicht etwa direkt wegen der Kriegserklärung Italiens an Österreich-Ungarn — diese kann nur Wirkungen zwischen Österreich-Ungarn und Italien hervorbringen — sondern infolge einer selbständigen Erwägung Deutschlands, dem es jederzeit freisteht, seine diplomatischen Beziehungen mit einer fremden Macht abzubrechen oder weiter fortzuführen. Interessant ist, daß das Deutsche Reich in diesem Falle seinen Schritt mit dem Abbruch der Beziehungen zwischen Italien und Österreich-Ungarn begründete. Daß mit diesem Vorgehen Deutschlands ein Tadel über die Handlungsweise Italiens verknüpft ist, ändert an der obigen Betrachtung nichts. Die deutschen Gesandten am Quirinal hätten an sich rechtlich (wenn auch vielleicht unter tatsächlichen Schwierigkeiten) auch nach der Kriegserklärung Italiens weiter an ihren Posten bleiben können, zogen es aber vor, mit der anderen deutschen Gesandtschaft abzureisen.

II. Kriegserklärung Italiens an die Türkei.

Am 20. August 1915 überreichte der italienische Botschafter Marquis Garroni der Pforte eine Note, worin erklärt wird, daß Italien sich als mit der Türkei im Kriegszustand befindlich betrachte. Als Gründe für Italiens Kriegserklärung werden angegeben: die Unterstützung des Aufstandes in Libyen durch die Türkei und die Verhinderung der in Syrien ansässigen Italiener an der Abreise. Zugleich verlangte der Botschafter seine Pässe und verließ Konstantinopel mit dem Personal der Botschaft am Nachmittage des folgenden Tages, nachdem er

---

[37]) Rehm: Völkerrechtliche Stellung der Verbündeten (in Zeitschr. für Internationales Recht). Vgl. dagegen einige Kriegserklärungen Ludwigs XIV. oben S. 43.

den Schutz der italienischen Untertanen dem Vertreter der Vereinigten Staaten von Amerika übertragen hatte.[38])

Die italienische Regierung richtete dann an ihre Vertreter im Auslande ein Rundschreiben, das auf die zwischen Italien und der Türkei schwebenden Differenzen eingeht und mit den Worten schließt: „Angesichts der offenbaren Verletzungen der bestimmten Versprechungen der Türkei nach unserm Ultimatum vom 3. August, das durch die Winkelzüge der türkischen Regierung, besonders hinsichtlich der freien Abreise der italienischen Staatsangehörigen aus Kleinasien, veranlaßt war, hat die italienische Regierung dem Botschafter Italiens in Konstantinopel die Weisung erteilt, der Türkei die Kriegserklärung zu überreichen".[39])

III. Krieg zwischen Bulgarien und Rußland, England, Italien, Serbien und Frankreich.

Am 4. Oktober zwischen 4—6 Uhr nachmittags überreichte der russische Gesandte im Auftrag seiner Regierung folgende Note an den bulgarischen Ministerpräsidenten Radoslawow:

„Die Ereignisse, die sich gegenwärtig in Bulgarien abspielen, bezeugen den endgültigen Entschluß der Regierung des Königs Ferdinand, das Schicksal des Landes in die Hände Deutschlands zu legen. Die Anwesenheit deutscher und österreichischer Offiziere im Kriegsministerium und bei den Generalstäben der Armee, die Zusammenziehung von Truppen in dem an Serbien stoßenden Gebietsteile und die weitgehende finanzielle Unterstützung, die das Kabinett in Sofia von seiten unserer Feinde angenommen hat, lassen keinen Zweifel mehr über das Ziel der gegenwärtigen militärischen Vorbereitungen der bulgarischen Regierung zu. Die Mächte der Entente, die sich die Verwirklichung der Bestrebungen des bulgarischen Volkes haben angelegen sein lassen, haben den Ministerpräsidenten

[38]) N. A. Z. 22. August 1915 zweite Ausgabe.

[39]) Den Inhalt der ganzen Note und die italienischen und türkischen Presseäußerungen über diese Kriegserklärung siehe in der N. A. Z. vom 23. August, 24. August 2. Ausgabe. Der italienische Standpunkt ist zusammenhängend im italienischen Grünbuch über den türkisch-italienischen Konflikt dargelegt.

Radoslawow zu verschiedenen Malen darauf aufmerksam gemacht, daß sie jede Serbien feindliche Handlung als gegen sich gerichtet ansehen würden. Die von dem Vorsitzenden des bulgarischen Kabinetts als Antwort auf diese Warnungen reichlich abgegebenen Versicherungen sind durch die Tatsachen widerlegt worden. Der Vertreter Rußlands, der mit Bulgarien durch die unvergängliche Erinnerung an Bulgariens Befreiung vom türkischen Joche verbunden ist, kann nicht durch seine Anwesenheit die Vorbereitungen zu einem brudermörderischen Angriff auf ein slavisches Volk und einen Verbündeten gutheißen. Der russische Gesandte hat darum Auftrag erhalten, Bulgarien mit dem gesamten Personal der Gesandtschaft und Konsulate zu verlassen, wenn die bulgarische Regierung nicht binnen 24 Stunden offen die Beziehungen zu den Feinden der slavischen Sache und Rußlands abbricht und wenn sie nicht unverzüglich dazu schreitet die Offiziere zu entfernen, welche Armeen der Staaten angehören, die sich mit den Mächten der Entente im Kriege befinden."

Gleichzeitig mit dem russischen Gesandten waren auch die Vertreter Frankreichs und Englands erschienen. Der französische Botschafter erklärte, seine Regierung schließe sich dem Schritt Rußlands an und überreichte eine Note ähnlichen Inhalts wie die russische, die ebenfalls den Charakter eines Ultimatums trug. Der britische Vertreter übergab eine kurze Verbalnote, wonach Großbritannien seine Beziehungen zu Bulgarien abbrechen werde, falls auf dem Balkan aus den Tatsachen der bulgarischen Mobilmachungen Feindseligkeiten ausbrächen.[40])

Die bulgarische Regierung antwortete am andern Tage um 2 Uhr 40 nachmittags auf diese Noten. Da dem russischen

---

[40]) So der amtliche Bericht aus Sofia vom 6. Oktober und eine Meldung der Agenzia Stefanie aus Rom vom 7. Oktober. Nach der Südslavischen Correspondenz vom 5. Oktober, dem Corriere della Sera und der Meldung der Agence Havas vom 6. Oktober soll nur Rußland ein Ultimatum überreicht haben, während die Vertreter der andern Länder sich damit begnügten, zu erklären, es sei auch im Namen ihrer Regierung abgegeben; der Rjetsch behauptet, diese hätten nur mit dem Abbruch der diplomatischen Beziehungen gedroht.

Gesandten Bulgariens Antwort nicht genügend erschien, notifizierte er dem bulgarischen Präsidenten den Abbruch der diplomatischen Beziehungen. Den Schutz der russischen Interessen vertraute er dem Königlich niederländischen Geschäftsträger an. Am 6. Oktober forderten auch der französische und englische Gesandte ihre Pässe. Der italienische und belgische Botschafter, die keine Note überreicht hatten, schlossen sich der Forderung der vorhergehenden an, tags darauf auch der serbische Geschäftsträger. Am 7. reisten alle ab, nachdem ebenfalls dem niederländischen Botschafter der Schutz der französischen, englischen, italienischen, belgischen und serbischen Interessen anvertraut worden war. Am 12. erließ der König ein Manifest, in dem er u. a. sagt: Wir werden die Serben gleichzeitig mit den tapferen Armeen der Kaiserreiche Mitteleuropas angreifen. Ein Sofioter Telegramm der bulgarischen Telegramm-Agentur vom selben Tage verbreitet die Nachricht, serbische Truppen hätten die Grenze überschritten.

Am 12. Oktober sagt auch eine Havasmeldung aus Nisch, die Serben seien auf der Front von Krujazevac von Bulgaren angegriffen worden.

Zwei Tage später teilte die bulgarische Gesandtschaft in Berlin mit, sie habe die offizielle Mitteilung erhalten, daß sich die bulgarische Regierung infolge des Überfalls durch serbische Truppen bei Hostendil, Trn und Bjelogradschik vom 14. Oktober 8 Uhr früh an im Kriegszustand mit Serbien befindet.

Am 16. Oktober teilte das englische Auswärtige Amt ihre Kriegserklärung an Bulgarien in folgender Form mit: Da Bulgarien bekannt gegeben hat, daß es sich im Kriegszustand mit Serbien befindet und ein Bundesgenosse der Zentralmächte ist, hat Großbritannien durch Vermittelung des schwedischen Gesandten in London Bulgarien mitteilen lassen, daß vom 15. Oktober 10 Uhr abends zwischen England und Bulgarien der Kriegszustand besteht.

Der Kommandant der verbündeten Flotten im östlichen Mittelmeere teilte dann mit, daß die Blockade der bulgarischen Küste an der Aigaeis am 17. Oktober früh begonnen habe und daß den neutralen Schiffen 48 Stunden Zeit gelassen werde, um aus der Blockadezone wegzufahren.

Am 17. Oktober brachte eine Havasnote folgende amtliche Meldung: Da Bulgarien an der Seite der Feinde gegen einen Verbündeten Frankreichs den Krieg begonnen hat, stellt die Regierung der Republik fest, daß vom 16. Oktober 6 Uhr morgens ab durch das Verschulden Bulgariens der Kriegszustand zwischen Bulgarien und Frankreich besteht. Bereits am 18. meldete dann ein Reutertelegramm aus Athen, die französischen Truppen hätten bereits ihre Feuertaufe bei der Bahnbrücke zwischen Hudowe und Valandowo erhalten, wo sie von Bulgaren angegriffen wurden.

Die Kriegserklärung Rußlands entsprach den 1907 aufgestellten Regeln. Wenn der französische Gesandte bei der Überreichung des russischen Manifestes zugegen war und erklärte, es solle auch als von seiner Regierung gestellt gelten, so hat auch Frankreich diesen Krieg formgerecht erklärt; denn es ist nicht ersichtlich, warum die Kriegserklärung schriftlich erfolgen muß. Die auf das russische Ultimatum dem russischen Botschafter gegebene bulgarische Antwort scheint auch von dem französischen Botschafter als nicht genügend erachtet worden zu sein, sonst hätte er die Ausstellung seiner Pässe nicht verlangt. Danach hat sich Frankreich bereits nach dem Ablauf der in dem russischen Ultimatum bestimmten 24 Stunden im Kriegszustand mit Bulgarien befunden. Die französische Feststellung vom 17. Oktober kann nicht als Kriegserklärung aufgefaßt werden, da die Feindseligkeiten schon begonnen hatten. Sie kann höchstens den Neutralen als Benachrichtigung dienen, doch nicht mit den in ihr enthaltenen Angaben über den Kriegsbeginn, da diese unrichtig sind. Die Frage, ob eine Regierung den Kriegsbeginn nach ihrem Belieben fortsetzen kann, wird im theoretischen Teil der Arbeit zu erörtern sein.

Englands Vorgehen beim Beginn dieses Krieges war ebenfalls korrekt, wenn das englische Auswärtige Amt Bulgarien vor dem 15. August 10 Uhr abends durch Schweden den Kriegsbeginn mitteilen ließ, da seine Verbalnote vom 4. Oktober nicht als Ultimatum aufgefaßt werden konnte. Anders natürlich, falls auch der englische Botschafter bei Überreichung des russischen Ultimatums erklärt hat, diese Note gelte auch als von seiner Regierung überreicht.

Was endlich das Verhalten Bulgariens anbetrifft, so ist zu beachten, daß es das III. Abkommen von 1907 nicht ratifiziert hatte und daß der König vor Beginn der Feindseligkeiten ein Manifest erließ.

1916.

I. Krieg zwischen Deutschland und Portugal.

Am 23. Februar hatte die portugiesische Regierung die in ihren Häfen liegenden deutschen Schiffe beschlagnahmen lassen, und zwar in einer für Deutschland schimpflichen Weise. Unmittelbar nach dem Bekanntwerden dieses Vorgangs erhielt der Kaiserlich deutsche Gesandte in Lissabon, Dr. Rosen, den Auftrag, gegen diese Maßnahme zu protestieren und ihre Aufhebung zu verlangen. Die diesen Protest enthaltende Note wurde am 27. Februar 1916 der portugiesischen Regierung übergeben. Dessenungeachtet verbreitete die portugiesische Regierung in Lissabon durch ihre offiziöse Presse die Nachricht, daß eine deutsche Protestnote überhaupt nicht existiere, und in der portugiesischen Kongreßsitzung leugnete der Justizminister sogar offiziell das Vorhandensein der Note ab. Die von dem Kaiserlich deutschen Gesandten verlangte Richtigstellung der Preßnotiz unterblieb. Erst am 4. März erschien der portugiesische Gesandte im deutschen Auswärtigen Amte in Berlin, um im Auftrage seiner Regierung eine Note zu übergeben, in welcher die deutschen Forderungen abgelehnt wurden. Am selben Tage ließ auch die portugiesische Regierung eine Abschrift dieser Note dem Kaiserlich deutschen Botschafter in Lissabon übergeben. Daraufhin erhielt dieser die Anweisung, am 9. März 1916 der portugiesischen Regierung eine Kriegserklärung zu übergeben, die mit den vielen Neutralitätsverletzungen, welche sich Portugal Deutschland gegenüber seit Beginn des europäischen Krieges hat zu Schulden kommen lassen, ferner mit den Kämpfen an der Grenze von Angola und Deutsch-Südwest-Afrika, und endlich mit der schimpflichen Beschlagnahme der deutschen Schiffe in den portugiesischen Häfen begründet ist.[41]) Diese Note schließt mit den Worten:

[41]) Den genauen Inhalt der Note siehe in der N. A. Z. Nr. 69 vom Freitag den 10. März 1916.

„Die Kaiserliche Regierung sieht sich gezwungen, aus dem Verhalten der portugiesischen Regierung die notwendigen Folgerungen zu ziehen. Sie betrachtet sich von jetzt ab mit der portugiesischen Regierung im Kriegszustand befindlich."

Eine Abschrift der Kriegserklärung wurde dem portugiesischen Geschäftsträger Dr. Sidonio Paes in Berlin übergeben und ihm seine Pässe zugestellt. Dr. Rosen war angewiesen worden, bei der Übergabe der Kriegserklärung seine Pässe zu verlangen.[42])

II. Krieg zwischen Italien und Deutschland.

Am 26. August übergab der italienische Gesandte in Bern im Auftrage seiner Regierung der schweizerischen Regierung zur Weitergabe an Deutschland eine Note des Inhalts, daß Italien sich vom 28. ab als im Kriegszustande mit Deutschland befindlich ansieht. Sie lautet in Übersetzung: „Auf Weisung der Regierung Seiner Majestät habe ich die Ehre, die nachfolgende Mitteilung zur Kenntnis Eurer Exzellenz und des Bundesrates zu bringen:

Die feindseligen Akte von seiten der deutschen Regierung gegenüber Italien folgen einander mit wachsender Häufigkeit; es genügt, die wiederholten Lieferungen an Waffen und Werkzeugen für ein feindliches Land und seine Krieger zu erwähnen, die von Deutschland an Österreich-Ungarn erfolgt sind; desgleichen die ununterbrochene Teilnahme deutscher Offiziere, Soldaten und Matrosen an den verschiedenen gegen Italien gerichteten Operationen. Auch ist es nur der von deutscher Seite Österreich-Ungarn in den verschiedensten Formen und im reichlichsten Maße zuteil gewordenen Unterstützung zu danken, daß es diesem möglich geworden ist, jüngst die Kräfte für eine Unternehmung von besonderer Ausdehnung gegen Italien zusammenzubringen. Ferner ist zu erwähnen

---

[42]) Über den ganzen Vorgang vgl. auch die Reutermeldung aus Lissabon vom 23. Februar, die Havasnote aus Paris vom 24. und die Meldung des Temps, ferner den Bericht des Times-Berichterstatters in Lissabon sowie die des Reuterbüros, die Notiz der Kölnischen Zeitung vom gleichen Tage und die Lloyd Meldungen vom 26. Februar aus St. Vinzent und vom 29. aus Fayal (Azoren).

die Auslieferung italienischer Gefangener, die aus dem österreichisch-ungarischen Konzentrationslager entkommen und auf deutsches Gebiet geflüchtet waren, an unseren Feind; die auf Betreiben des Kaiserlichen Auswärtigen Amtes an die deutschen Kreditinstitute und Bankhäuser gerichtete Aufforderung, wonach diese jeden italienischen Untertanen als feindlichen Ausländer zu erachten und sich jeder Zahlung, die ihm etwa geschuldet sein sollte, enthalten sollten, sowie die Unterbrechung der Zahlung der Renten an italienische Arbeiter, die diesen auf Grund ausdrücklicher Bestimmung des Gesetzes zustehen, alles dies sind Erscheinungen, aus denen sich die wahre systematische Stellungnahme der Kaiserlichen Regierung Italien gegenüber ergibt.

Ein derartiger Zustand kann auf die Dauer von der Königlichen Regierung nicht geduldet werden. Er vertieft zum ausschließlichen Schaden Italiens den schwerwiegenden Gegensatz zwischen der tatsächlichen und rechtlichen Lage, die sich an sich aus dem Umstand ergibt, daß Italien einerseits, Deutschland andererseits mit zwei untereinander im Kriege befindlichen Staatsgruppen verbündet sind.

Aus den aufgezählten Gründen erklärt die italienische Regierung im Namen Seiner Majestät des Königs von Italien hiermit, daß sie sich vom 28. ds. Mts. mit Deutschland im Kriegszustand befindlich erachtet und bittet die schweizerische Bundesregierung, das Vorstehende zur Kenntnis der Kaiserlich deutschen Regierung bringen zu wollen."

Die diplomatischen Beziehungen zu Deutschland waren von diesem Lande ein Jahr vorher gelegentlich der italienischen Kriegserklärung an Österreich abgebrochen worden. Erst diese Kriegserklärung führte, wie im theoretischen Teil zu erörtern sein wird, den Kriegszustand zwischen den früheren Bundesgenossen herbei. Die bei den Kriegserklärungen üblichen Formen werden, wie aus diesem Beispiel ersichtlich, in keiner Weise durch etwaige vorher bestehende Bündnisverträge berührt. Vorausgesetzt, daß es zwischen Deutschland und Italien zu keinen kriegerischen Handlungen kommt, so wird sich als einzige formelle Folge dieser Kriegserklärung die Notwendigkeit eines formellen Friedensabschlusses ergeben.

II. Krieg Rumäniens gegen Österreich-Ungarn, Deutschland, Bulgarien und die Türkei.

Am 27. August abends $8^3/_4$ Uhr erschien der Königlich rumänische Gesandte im Ministerium des Äußern in Wien und überreichte eine mit der eigenhändigen Unterschrift des rumänischen Ministers des Äußern Porumbaro versehene Note, die ankündigte, daß sich Rumänien vom selben Tage 9 Uhr abends, also eine Viertelstunde nach Überreichung der Note, als im Kriegszustand mit der österreich-ungarischen Monarchie befindlich betrachte. Diese Note lautete:

„Das zwischen Deutschland, Österreich-Ungarn und Italien abgeschlossene Bündnis hatte nach den eigenen Erklärungen der Regierungen nur einen wesentlich erhaltenden und verteidigenden Charakter. Das Hauptziel war, die verbündeten Länder gegen jeden von außen kommenden Angriff zu schützen und den Zustand zu befestigen, der durch frühere Verträge geschaffen worden war. In dem Wunsche, seine Politik mit diesen friedlichen Bestrebungen in Einklang zu bringen, hat sich Rumänien diesem Bündnis angeschlossen, mit dem Werke seiner inneren Verfassung beschäftigt und treu dem festen Entschluß, in der Gegend an der unteren Donau ein Element der Ordnung und des Gleichgewichts zu bleiben. Rumänien hörte nicht auf, zur Aufrechterhaltung des Friedens am Balkan beizutragen. Die letzten Balkankriege, welche den status quo zertrümmerten, zwangen ihm eine neue Richtung für sein Verhalten auf. Sein Eingreifen bewirkte den Frieden und stellte das Gleichgewicht wieder her. Rumänien begnügte sich mit einer Grenzberichtigung, die ihm mehr Sicherheit gegen einen Angriff verschaffte und zu gleicher Zeit eine Ungerechtigkeit gutmachte, die zu seinem Schaden auf dem Berliner Kongreß begangen wurde. Aber in der Verfolgung dieses Zieles erlebte Rumänien die Enttäuschung, feststellen zu müssen, daß es von seiten des Wiener Kabinetts nicht der Haltung begegnete, die es mit Recht erwarten konnte.

Als der gegenwärtige Krieg ausbrach, lehnte es Rumänien ebenso wie Italien ab, sich der Kriegserklärung Österreich-Ungarns anzuschließen, von der es vorher von dem Wiener Kabinett nicht benachrichtigt wurde. Im Frühjahr 1915 trat Italien in den Krieg mit Österreich-Ungarn, der Dreibund bestand nicht mehr. Die Gründe, welche den Anschluß Rumäniens an dieses politische System bestimmt hatten, verschwanden in demselben Augenblick. An Stelle einer Gruppe von Staaten, die durch gemeinsame Anstrengungen für eine Sicherung des Friedens und Erhaltung der tatsächlichen und rechtlichen Lage, wie sie durch Verträge geschaffen war, zu arbeiten suchten, befand man sich Mächten gegenüber, die nur in der bestimmten Absicht Krieg führten, die früheren Verhältnisse, die als Grundlage des Bündnisvertrags gedient hatten, von Grund aus zu ändern. Diese tiefen Änderungen waren für Rumänien der klare Beweis, daß ein Ziel, das es verfolgt hatte, als es sich dem Dreibund anschloß, nicht mehr erreicht werden konnte, und daß es seine Absichten und Anstrengungen in neue Bahnen lenken müßte, dies um so mehr, als das von Österreich-Ungarn unternommene Werk einen die Lebensinteressen ebenso wie seine legitimsten und nationalen Wünsche bedrohenden Charakter annahm. Angesichts einer so radikalen Änderung der zwischen der österreichisch-ungarischen Monarchie und Rumänien geschaffenen Lage hat letzteres seine Handlungsfreiheit wiedergewonnen.

Die Neutralität, die sich die Kgl. Regierung nach der Kriegserklärung auferlegte, die außerhalb ihres Willens und entgegen ihren Interessen erlassen worden war, war in erster Linie infolge der zu Anfang von der K. und K. Regierung gegebenen Zusicherungen befolgt worden, daß die Monarchie bei ihrer Kriegserklärung an Serbien nicht von Eroberungsdrang beseelt sei und daß sie in keiner Hinsicht auf Landerwerb ausgehe. Diese Zusicherungen haben sich nicht verwirklicht. Heute stehen wir vor einer tatsächlichen Lage, aus der große territoriale und politische Umänderungen hervorgehen können, die derart sind, daß sie eine schwere Bedrohung der Sicherheit und Zukunft Rumäniens bilden. Das Friedenswerk, das Rumänien, treu im Geist des Dreibunds, zu schaffen versucht hatte, wurde so von denen selbst unfruchtbar gemacht, die dazu berufen waren, es zu schützen und zu verteidigen.

Als Rumänien sich 1883 der Gruppe der Mittelmächte anschloß, hatte es — weit entfernt die Bande des Blutes zu vergessen, die die Bevölkerung des Königreiches mit den rumänischen Untertanen der österreichisch-ungarischen Monarchie verband, in den zwischen den drei Großmächten geschaffenen Beziehungen der Freundschaft und des Bündnisses ein wertvolles Pfand seiner inneren Ruhe wie auch die Verbesserung des Schicksals der Rumänen Österreich-Ungarns zu sehen. In der Tat konnten Deutschland und Italien, die ihre Staaten auf der Grundlage des Nationalitätenprinzips aufgebaut hatten, nicht anders als die Gesetzmäßigkeit der Grundlage anerkennen, auf der ihr eigenes Dasein beruht. Was Österreich betrifft, so fand es in den freundschaftlichen Beziehungen, die sich zwischen ihm und dem Königreich entwickelten, die Sicherheiten für seine Ruhe sowohl im Innern als auch an unsrer gemeinsamen Grenze: denn es wußte sehr wohl, in welchem Grade die Unzufriedenheit der dortigen rumänischen Bevölkerung bei uns widerhallt, indem sie jeden Augenblick die guten Beziehungen zwischen beiden Staaten zu stören drohte. Die Hoffnung, die wir unter diesem Gesichtspunkte auf unsre Zugehörigkeit zum Dreibunde gesetzt hatten, wurde mehr als 30 Jahre lang getäuscht. Die Rumänen der Monarchie haben nicht nur nicht einmal Reformen einführen sehen, die ihnen auch nur eine scheinbare Genugtuung hätten geben können, sondern sie wurden im Gegenteil wie eine minderwertige Rasse behandelt und dazu verdammt, die Unterdrückung durch ein fremdes Element zu erleiden, das nur eine Minderheit inmitten der verschiedenen Nationalitäten bildet, aus denen die österreichisch-ungarischen Staaten bestehen. Alle die Ungerechtigkeiten, die man so unsre Brüder erleiden ließ, hielten zwischen unsrem Lande und der Monarchie einen fortwährenden Zustand der Animosität aufrecht, den die Regierungen des Königreichs nur um den Preis großer Schwierigkeiten und zahlreicher Opfer bewältigen konnten.

Als der jetzige Krieg ausbrach, konnte man hoffen, daß die österreichisch-ungarische Regierung wenigstens in letzter

Stunde von der dringenden Notwendigkeit sich überzeugen ließ, diese Ungerechtigkeiten aufzugeben, die nicht nur unsre freundschaftlichen Beziehungen, sondern sogar die normalen Beziehungen, die zwischen benachbarten Staaten bestehen sollen, in Gefahr brachten. Zwei Kriegsjahre, während deren Rumänien seine Neutralität aufrecht erhielt, haben bewiesen, daß Österreich-Ungarn jeder inneren Reform, die das Leben der von ihm regierten Völker besser gestalten könnte, abgeneigt, sich ebenso bereit zeigt, sie zu opfern, wie ohnmächtig, sie gegen unsren Angriff zu verteidigen.

In dem Krieg, an dem fast das ganze Europa beteiligt ist, handelt es sich um die wichtigsten Fragen, die die nationale Integrität und sogar die Existenz der Staaten berühren. Rumänien, in dem Wunsch, dafür einzutreten, daß das Ende des Konfliktes beschleunigt werde, und unter dem Zwang der Notwendigkeit, seine Rasseninteressen zu wahren, sieht sich gezwungen, an die Seite derer zu treten, die ihm die Verwirklichung seiner nationalen Einigung sichern können.

Aus diesen Gründen betrachtet es sich von diesem Augenblick an als im Kriegszustande mit Österreich-Ungarn befindlich."

An dieser Kriegserklärung wurde von vielen Seiten heftig bemängelt, daß sie so kurze Zeit vor dem angezeigten Beginn der Feindseligkeiten überreicht wurde. Jedoch mit Unrecht; vergleiche hierüber die Ausführungen im theoretischen Teil der Arbeit.

Am Tage nach der Kriegserklärung Rumäniens an Österreich-Ungarn erklärte der deutsche Gesandte in Bukarest der rumänischen Regierung im Namen seiner Regierung den Krieg und verlangte seine Pässe. Dem rumänischen Gesandten in Berlin wurden gleichfalls seine Pässe zugestellt.

Einen Tag später, am 30. August um 8 Uhr abends, erklärte auch die türkische Regierung der rumänischen den Krieg durch Überreichung einer Note an den rumänischen Gesandten in Konstantinopel.

Am selben Tage verlangte der rumänische Gesandte in Sofia um 6½ Uhr seine Pässe. Am 1. September ließ der König von Bulgarien folgendes Manifest durch Anschlag bekannt machen:

„Im Jahre 1913, nach Beendigung des bulgarischen Krieges, als Bulgarien gezwungen war, sich mit seinem treulosen Verbündeten zu schlagen, griff uns unser nördlicher Nachbar Rumänien unter dem Vorwande eines Bruches des Gleichgewichts auf dem Balkan verräterisch an und fiel in die nicht verteidigten Teile unseres Vaterlandes ein, ohne daselbst Widerstand zu finden. Durch diesen räuberischen Einfall in unser Land hinderte es uns nicht nur daran, die heiligen Früchte dieses Krieges zu ernten, sondern es gelang ihm auch infolge des Friedens von Bukarest, uns zu demütigen und uns unsere fruchtbaren Teile der Dobrudscha, den Mittelpunkt unseres ersten Königreichs, zu entreißen. Meinen Befehlen gemäß gab unsere tapfere Armee damals keinen einzigen Gewehrschuß gegen die rumänischen Soldaten ab und ließ ihn den traurigen militärischen Ruhm erwerben, dessen zu rühmen er sich bis jetzt nicht getraut hat. Bulgaren! Heute, da es Bulgarien mit Unterstützung der tapferen Truppen unserer Verbündeten gelungen ist, den Angriff Serbiens gegen unsere Gebiete abzuweisen, letzteres niederzuschlagen und zu zerschmettern und die Einheit des bulgarischen Volkes zu verwirklichen, heute, da Bulgarien Herr beinahe aller Gebiete ist, worauf es geschichtliche und völkische Rechte besitzt, erklärte dieser selbe Nachbar, Rumänien, unserem Verbündeten Österreich-Ungarn den Krieg, und zwar wiederum unter dem Vorwande, daß der europäische Krieg wichtige territoriale Veränderungen auf dem Balkan in sich berge, die seine Zukunft bedrohen würden. Ohne irgendeine Kriegserklärung von Bulgarien beschossen rumänische Truppen schon am 28. August die bulgarischen Donaustädte Rustschuk, Swistow usw. Wegen dieser Herausforderung seitens Rumäniens befehle ich unserer tapferen Armee, den Feind aus den Grenzen des Königreichs zu jagen, den treubrüchigen Nachbar zu vernichten, die um den Preis so vieler Opfer verwirklichte Einheit des bulgarischen Volkes zu sichern und unsere Brüder in der Dobrudscha von der Knechtschaft zu befreien. Wir werden Hand in Hand mit den tapferen und siegreichen Truppen unserer mächtigen Verbündeten kämpfen. Ich rufe die bulgarische Nation zu einer neuen ruhmreichen Heldentat auf, durch die sie ihr gegenwärtiges Befreiungswerk krönen wird. Möge der bulgarische Soldat weiter von Sieg zu Sieg eilen. Vorwärts! Gott segne unsere Waffen! gez. Ferdinand."

Am selben Tage erließ Ministerpräsident und Minister des Äußern Radoslawow folgende Note, welche die förmliche Kriegserklärung enthält:

„Herr Gesandter! Ich hatte die Ehre, in den letzten Monaten der Königlich rumänischen Gesandtschaft, sei es durch Verbalnoten, sei es durch an Eure Exzellenz oder in Ihrer Abwesenheit an den Geschäftsträger gerichtete Schreiben die allzu reichlichen Zwischenfälle zu melden, welche unsere mit der Überwachung der rumänisch-bulgarischen Grenze beauftragten Truppen ununterbrochen in Atem hielten. Diese sich mehr und mehr häufenden Zwischenfälle, die trotz der mehr als korrekten Haltung der bulgarischen Behörden und trotz der von der rumänischen Gesandtschaft verschwenderisch abgegebenen Versicherungen und Freundschaftsbeteuerungen immer von seiten Rumäniens hervorgerufen wurden, haben schließlich dazu geführt, die Absichten ins rechte Licht zu setzen, die die bulgarische Regierung ihrem Nachbar zuzumuten Bedenken trug, da noch die ganz frische Vergangenheit sie nicht ganz und gar die Gefühle lebhafter Sympathie des bulgarischen Volkes gegenüber Rumänien vergessen machen konnte.

Diese Gefühle datieren aus ferner Zeit, und die ganz frische Vergangenheit, von der ich spreche, ist — Eure Exzellenz weiß es sehr wohl — der Balkankrieg von 1912/13, wo Rumänien die blutigen Prüfungen, die das bulgarische Volk durchmachte, für sich ausnützte, um Bulgarien zu einer Zeit, zu der es im Kampfe um seine Existenz lag, ein Stück seines Gebietes zu rauben, wobei es einen hartnäckigen Haß, der durch nichts gerechtfertigt war, bekundete. Es folgte der Bukarester Friede, der Bulgarien die schwersten Opfer auferlegte. Nichtsdestoweniger hat sich Bulgarien in sein Schicksal ergeben und wollte sogar noch seinem Nachbar freundlich die Hand reichen; es wurde in seinen Hoffnungen getäuscht. Und seither folgten sich die Beweise von Feindseligkeit aufeinander ohne Unterlaß.

Zunächst die Haltung der rumänischen Presse, die Bulgarien und seinen Souverän mit Beschimpfungen überhäufte, die Schwierigkeiten ohne Ende betreffend die Durchfuhr von für Bulgarien bestimmten Waren, die Weigerung, Bulgarien trotz der ordnungsmäßigen Verträge, die in Rumänien gekauften Waren für den dringendsten Bedarf, wie Salz, Petroleum usw. zu liefern; die Plackereien, welchen die Bulgaren, die in Rumänien wohnen oder nur Rumänien passieren, ausgesetzt sind; die am 3. Juli erfolgte Schließung der rumänischen Grenze für Waren und Reisende aus und nach Bulgarien; weiter die Proteste, welche die Königlich rumänische Gesandtschaft in Sofia mit äußerster Energie gegen die angeblich von den bulgarischen Grenzwachen herbeigeführten Zwischenfälle erhebt, die niemals stattgefunden haben, so der Zwischenfall von Bahovo, bezüglich dessen ich die Ehre hatte, Euerer Exzellenz am 15. August zu schreiben, und von Rascano am 21. August.

Den unaufhörlichen, aber mehr oder weniger gutartigen Grenzzwischenfälle folgten wirkliche kriegsmäßige Angriffe, die von rumänischen Abteilungen gegen bulgarische Grenzposten unternommen wurden. So wurde der Posten Nr. 9 östlich Kemanlar in der Nacht vom 25. August auf den 26. August angegriffen, ebenso die Posten 10 und 13, weiter kurz nachher eine wirkliche Kriegsoperation, welche rumänische Truppen an der Grenze unternahmen: das Bombardement von Kladovo am 28. August, die Beschießung von Russe (Rustschuk) am gleichen Tage. Am 29. August eröffnete die rumänische Wachabteilung Nr. 1 ein lebhaftes Gewehrfeuer gegen den ihr gegenüberliegenden bulgarischen Posten, bald darauf dehnt sich das Feuer an der Grenzlinie bis zu dem bulgarischen Posten Nr. 17 aus, ebenso greifen zwischen der Küste des Schwarzen Meeres und Tschusch-Koej rumänische Grenzwachen heftig bulgarische Posten an und werden zurückgeschlagen. Schließlich wird der bulgarische Gesandte in Bukarest, Radew, seit dem letzten Samstag den 26. August gehindert, mit seiner Regierung zu verkehren. Es werden ihm seine Pässe zugestellt, ohne daß die Königlich bulgarische Regierung ihm auch nur einen Augenblick Instruktionen gegeben hätte, die sich irgendwie auf einen eventuellen Abbruch der Beziehungen bezogen hätten, und am 30. August waren es Sie, Euere Exzellenz, der seine Pässe verlangt, und den Abbruch der diplomatischen Beziehungen notifiziert, eine sehr natürliche Folge von allem, was vorhergegangen war. Inzwischen versuchten in der Nacht vom 30. auf den 31. August die rumänischen Armeen, ohne daß eine ausdrückliche Kriegserklärung erfolgt wäre, eine Brücke über die Donau bei Kladovo zu schlagen und den Fluß an derselben Stelle zu übersetzen. Euere Exzellenz begreift selbst, welches seither die Lösung ist, gewollt von der rumänischen Regierung, aufgezwungen durch die Gewalt der Tatsachen, da ja die Lage so ist, wie sie eben diese Regierung geschaffen hat. Bulgarien ist genötigt, die vollendete Tatsache hinzunehmen.

Ich habe die Ehre, Herr Gesandter, Euerer Exzellenz zur Kenntnis zu bringen, daß sich Bulgarien von heute früh an als mit Rumänien im Kriegszustand befindlich betrachtet. Genehmigen Sie, Herr Gesandter, die Versicherung meiner Hochachtung. gez. Radoslawow."

§ 7.
Theoretischer Teil.

a) Wesentliche Erfordernisse der formellen Kriegserklärung.

Die Kriegserklärung ist eine, seitens eines[1]) Staates an einen andern[1]) Staat erfolgende Erklärung, des Inhalts, daß zwischen den beiden[1]) Staaten Krieg bestehe oder bestehen werde.

Es handelt sich dabei um eine empfangs- aber nicht annahmebedürftige einseitige Erklärung, die nicht durch konkludente Handlungen zu ersetzen ist, die auch nicht umschrieben, mittelbar oder indirekt ausgesprochen werden kann[2]) (etwa durch den allgemeinen Hinweis, der Krieg sei unvermeidlich). Dagegen ist die Verwendung des Wortes

---

[1]) Vgl. Rehm a. a. O. S. 118, 119, 120, 150.

[2]) Vgl. S. 91 der Arbeit.

„Krieg“ nicht unbedingt erforderlich. Diese Erklärung ist die völkerrechtlich konstitutiv wirkende Mitteilung des staatsrechtlich gefaßten Kriegsentschlusses an den Gegner.

Seit den litterae diffidationis erfolgte die Kriegserklärung gewohnheitsrechtlich in schriftlicher Form, ohne daß ausdrückliche Abmachungen darüber sich nachweisen ließen. Heute dagegen ist dies Erfordernis der Schriftlichkeit nicht mehr anzuerkennen; selbstverständlich sind damit auch die andern mit der früheren, feierlichen Kriegserklärung verbundenen Sollennitäten — Versiegelung, besondere Kleidung und Stand der Herolde usw. — weggefallen.

Was den Inhalt der Erklärung angeht, so muß unter allen Umständen der Wille, Krieg zu führen, aus dem Wortlaut des Textes unzweideutig hervorgehen; jede Offenlassung anderer Möglichkeiten der Lösung des Konflikts hebt den Charakter der Erklärung als einer Kriegserklärung auf.[3]) Dadurch ist aber nicht ausgeschlossen, daß, wie weiter unten zu erörtern sein wird, die Kriegserklärung bedingt ausgesprochen werden kann, doch muß alsdann der Nachsatz, der die Kriegsandrohung enthält, ausdrücklich auf Krieg lauten und darf keine Umschreibung enthalten.

Eine Begründung gehört zu den wesentlichen Erfordernissen der Kriegserklärung; die Kriegserklärung muß also substantiiert sein. Wie weiter unten zu erörtern, ist auch nach dem Haager Abkommen von 1907 eine Begründung vorgeschrieben.

Die Kriegserklärung ist eine Erklärung eines oder mehrerer genau bezeichneter Staaten an einen andern oder an mehrere andere ebenso genau bezeichnete Staaten. In einer Urkunde oder Erklärung können also je nach der Zahl der Adressaten oder der sie abgebenden Staaten mehrere Kriegserklärungen liegen. Beide Staaten müssen unter allen Umständen genau und erschöpfend darin bezeichnet sein. Unzulässig wären also etwa Kriegserklärungen

[3]) In irreführender, wenn auch naheliegender, privatrechtlicher Analogie ist hier vielfach die besonders strenge Form der Eheschließung oder der Testamentserrichtung zum Vergleich herangezogen worden; z. B. von Grotius, De jure belli et pacis, lib. I cap. 3 § 4.

wie sie Frankreich und andere Staaten im 17. und 18. Jahrhundert erließen und welche lauteten: „Sa Majesté déclare la guerre au roi d'Angleterre, aux Provinces-Unies et aux princes leurs alliés" oder „au Roi d'Espagne et à ses adhérents". Was den Umstand angeht, ob der Gegner am besten mit seinem Titel (au Roi d'Angleterre) oder mit seinem Lande (à l'Angleterre) bezeichnet wird, so durfte man sich wohl, um Überraschungen und Unklarheiten zu vermeiden, für die letztere Bezeichnung entscheiden, da es vorkommen kann, daß eine und dieselbe Person an der Spitze von zwei verschiedenen Ländern steht, oder ganz allgemein, weil die betreffende Person nicht persönlich, sondern als Vertreter seines Landes gemeint ist. Das geht deutlich daraus hervor, daß im Falle seines Todes keine neue Kriegserklärung durch diesen Umstand an seinen Nachfolger notwendig wird. Die Kriegserklärung richtet sich also immer gegen einen Staat, und zwar muß sie von einem souveränen Staat an einen andern souveränen Staat gerichtet sein. Die von einem dauernd neutralisierten Staat an einen andern dauernd neutralisierten Staat vorgenommene Kriegserklärung ist m. E. nicht rechtsgültig,[4]) da hier der Krieg nur tatsächlich mit der Eröffnung der Feindseligkeiten beginnt.[4a]) Es kommt für die Gültigkeit der Kriegserklärung nicht darauf an, ob der diese Erklärung abgebende souveräne Staat die zur Kriegsführung erforderlichen Mittel tatsächlich besitzt. So wäre z. B. eine Kriegserklärung Monacos an Deutschland rechtsgültig.

Die Frage, ob die eine Partei ein souveräner Staat ist, ist nicht immer leicht zu entscheiden und infolgedessen kann auch die Gültigkeit der von ihr erlassenen Kriegserklärungen

---

[4]) A. A. v. Liszt a. a. O. S. 61. Doch rechtfertigt seine Begründung, daß die dauernde Neutralität nur eine Verpflichtung darstellt, der tatsächlich zuwidergehandelt werden kann, nur die im Text vertretene Folgerung, daß der Krieg mit der tatsächlichen Eröffnung der Feindseligkeiten beginnt, während die Kriegserklärung als rechtliche Formalität dem neutralisierten Staat gegenüber nichtig ist. Vgl. oben S. 103.

[4a]) Der Krieg Deutschlands mit Belgien hat also erst mit dem Einmarsch deutscher Truppen in belgisches Gebiet begonnen, nicht schon mit der Ablehnung der im deutschen Ultimatum gestellten Forderungen durch Belgien.

in Zweifel gezogen werden, wie etwa jetzt die von der venizelistischen Partei in Griechenland erlassenen Kriegserklärungen. So fragt es sich auch, ob das neu proklamierte Königreich Polen, falls es eigene Truppen gegen die Verbandsmächte zum Kampf schickt, ihnen vorher den Krieg zu erklären hat. Die Zweifel rühren daher, daß der Staat nicht etwas ausschließlich Rechtliches ist, sondern auch tatsächliche Momente enthält, z. B. seine Anerkennung durch die übrigen Staaten. Eine etwa im Falle eines Bürgerkrieges erfolgte Kriegserklärung eines Staates an sich selbst ist ein völkerrechtlich unmöglicher Vorgang, weil die Beziehungen des Staates zu sich selbst nicht völkerrechtlicher, sondern staatsrechtlicher Natur sind.

Die Bestimmung der Zuständigkeit der innerstaatlichen Organe gehört nicht mehr in den Rahmen dieser Arbeit, da sie eine innerstaatliche Angelegenheit, also eine staatsrechtliche, im Gegensatz zu einer völkerrechtlichen Frage betrifft. Die Mitteilung des einen Staates an den andern stellt aber stets einen völkerrechtlichen Vorgang dar.

Der Krieg beginnt nur zwischen den in der Kriegserklärung genau bezeichneten Staaten, nicht etwa auch mit deren Bundesgenossen.[5])

„Wer für den Fall eines Krieges zur Hilfe verpflichtet ist, für den beginnt bei Ausbruch dieses Krieges der Kriegszustand mit dem Gegner des Partners nicht von selbst. Und ebenso: wer an der Seite des Bundesgenossen kämpft, wird nicht von selbst auch Gegner eines neuen Feindes, mit dem der Partner in Krieg gerät. Das Verhältnis zum Gegner oder zum weiteren Gegner des Genossen bedarf eines besonderen Entstehungsaktes."[6]) Das erklärt sich aus

---

[5]) Zutreffend bemerkte die am 23. Mai 1915, am Tage der Kriegserklärung Italiens an Österreich-Ungarn, ausgegebene deutsche Note: „Die ital. Regierung hat durch diesen vom Zaune gebrochenen Angriff gegen die Donaumonarchie das Bündnis (nicht den Frieden!) auch mit Deutschland ohne Recht und Grund zerrissen." Vgl. Rehm a. a. O. S. 147, 150.

[6]) Rehm, Die völkerrechtliche Stellung der Verbündeten S. 118; vgl. dagegen die entgegengesetzte Auffassung des Wiener Hofes im Jahre 1745 in Mosers Beytr. I. Theil S. 397.

der rein formellen Natur dieses Entstehungsaktes, der Kriegserklärung und aus den Bündnisverträgen selbst. Diese letztere sind nämlich nicht Erklärungen an alle Staaten, daß man im Falle eines Krieges mit diesem oder jenem Staate einem bestimmten andern Staate zur Seite stehen wird, sondern es sind nur vertragliche Abmachungen zwischen den Kontrahenten allein, welche die unbeteiligten Staaten nichts angehen. Wenn nun irgendein Staat infolge eines Bündnisvertrages einen andern zu unterstützen hat, so dispensieren ihn diese seine vertraglichen Abmachungen unter keinen Umständen von der völkerrechtlich allgemein vorgeschriebenen Kriegserklärung, die mit seinen Bündnispflichten nicht das Geringste zu tun hat. Die einzige Pflicht, die sich ihm völkerrechtlich beim Erfahren der Kriegserklärung von selbst aufzwingt, ist die der Neutralität. Von ihr wird er nur befreit durch eine formgültige Kriegserklärung oder den tatsächlichen Beginn der Feindseligkeiten. Sein Innenverhältnis zu seinem Partner, mag es bekannt sein oder nicht, kommt für das állgemeine Völkerrecht nicht in Betracht und kann die von diesem aufgestellten Regeln nicht umstoßen.

Das gleiche Resultat ergibt sich aus dem Wesen des Kriegs. Krieg ist Waffenanwendung nach außen, während das Bundesverhältnis ein Innenverhältnis darstellt. „Der Kriegsteilnehmer ist Partei nach außen (Kriegspartei) und Partei nach innen, Gegner und Gesellschafter, Feind und Genosse, Kämpfer und Helfer. Nach außen tritt jeder selbständig auf... Jeder eröffnet, erklärt den Krieg für sich. Gemeinsame Kriegserklärung, Kriegsführung nach einheitlichem Plane und einheitlicher Leitung muß besonders vereinbart sein.“[7])

Dasselbe ergibt sich aus dem Inhalte selbst der Kriegsverträge zwischen Bundesgenossen. In ihnen kann nämlich nur folgendes vereinbart sein: entweder den Partner mit Geld, Lieferungen von zur Kriegsführung unmittelbar oder mittelbar dienenden Artikeln oder durch militärische Maßnahmen ohne Kampf zu unterstützen. In diesem Falle ist dies Bun-

---

[7]) Rehm a. a. O. S. 150.

desverhältnis ein Nichtneutralsein, weil die übernommenen Verpflichtungen der Neutralität zuwiderlaufen. Nichtneutralsein und Kriegspartei sein ist aber bei weitem nicht dasselbe, weil im letzteren Falle eine aktive, persönliche Teilnahme am Kampfe oder seine Ankündigung erforderlich ist. Oder aber es kann dem Bundesgenossen in einem für den Kriegsfall mit ihm geschlossenen Vertrage die persönliche Teilnahme am Kampfe, Kooperation ausdrücklich versprochen worden sein. Aber selbst dieser Umstand, daß sich jemand vollgültig zur Vornahme einer (hier kriegerischen) Handlung verpflichtet, kann niemals mit der Vornahme der Handlung selbst identifiziert werden, oder diese gar ersetzen, ebensowenig wie etwa das obligatorische Verpflichtungsgeschäft zum Verkaufe eines Grundstückes die Auflassung oder ein Verlöbnis den Eheabschluß zu ersetzen vermag.[8])

Rein praktisch kommt noch die Erwägung hinzu, daß aus Gründen der Staatsraison oft der eine kontrahierende Staat sich von seinen übernommenen Verpflichtungen befreit erklärt,[9]) so daß es in Wirklichkeit zwischen ihm und dem Gegner seines Bundesgenossen niemals zum Kriege — also auch nicht zur Kriegserklärung kommt.

Auch rein äußerlich braucht nicht einmal die in Ausübung der Bundespflicht erforderliche Teilnahme am Kriege mit dem Hinweis auf den casus foederis begründet zu werden.

All diese Erwägungen greifen auch Platz, wenn ein Bundesgenosse mit seinem Partner gegen dessen Gegner Krieg führt und dem Partner von einer dritten Macht der Krieg erklärt wird. Auch in diesem Falle entsteht für den Bundesgenossen nicht ohne weiteres — nämlich nicht ohne Kriegserklärung oder tatsächlichen Beginn der Feindseligkeiten — Kriegszustand oder weiterer Kriegszustand.[10])

---

[8]) Hierzu siehe auch Rehm a. a. O. S. 148, 149.

[9]) Wie Italien und Rumänien es in diesem Kriege taten.

[10]) Vgl. Rehm a. a. O. S. 119, 120. Dagegen ist nicht, wie Rehm weiter behauptet, das Entstehen des Kriegszustandes gleichbedeutend mit der Frage des Aufhörens der Neutralität, wie er ja auch selber vorher geäußert hat, daß Nichtneutralsein und Kriegspartei sein nicht dasselbe wäre. Vgl. auch seine Ausführungen auf S. 122 Abs. I.

Im Mittelalter erfolgte die Erklärung in der richtigen Erkenntnis, daß das Wesen der Kriegserklärung in ihrer Form beruht, besonders feierlich, und zwar durch eigens dazu bestellte Beamte, die mit dieser Spezialmission geschickt wurden. Darin lag zugleich bei den damaligen Verhältnissen die Publizität des Vorganges: Die Kriegserklärung wurde nicht nur der gegnerischen Regierung, sondern — schon durch die besondere Kleidung des Herolds — gleich dem ganzen Volk bekannt.[11]) In der Zeit der räuberischen See- und Kolonialkriege fiel mit der Feierlichkeit der Form auch die Publizität des Vorganges fort.

Heute erfolgt die Kriegserklärung durch oder an den Gesandten, der bei der fremden Regierung beglaubigt ist, also nicht mehr eigens zum Zwecke der Kriegserklärung geschickt wird. Es ist dabei interessant und wichtig, daß, wie verschieden auch die staatsrechtliche Form der Kriegserklärung in den verschiedenen Ländern ist, doch die völkerrechtliche Mitteilungsform der Kriegserklärung[12]) in allen Kulturstaaten, republikanischen wie monarchischen, gleich ist. Die Kriegserklärung wird entweder von dem bei der gegnerischen Regierung beglaubigten Gesandten

---

Über einen interessanten Fall der Unterscheidung der Erklärung des Krieges und der Erklärung, nicht mehr neutral zu sein, vgl. unten Anm. 41 a.

[11]) Vgl. den im historischen Teil der Arbeit oben S. 34 erwähnten Fall, daß der Herold, der seinen Auftrag nicht ausführen konnte, die Kriegserklärung auf alle mögliche Weise im Lande des Gegners bekannt gab, obwohl er als Beauftragter eines fremden Staates zur Vornahme solcher Handlungen nicht befugt war und damit sogar Hoheitsrechte des Gegners verletzte.

[12]) „Il convient de distinguer deux choses souvent confondues, parce qu'on emploie la même expression pour les désigner: le fait de décider la guerre et le fait de notifier cette décision à l'adversaire. Suivant les Constitutions, la décision appartient au Souverain ou au Chef de l'Etat, agissant seul ou ayant besoin de l'assentiment des représentants de la nation; mais la notification est essentiellement du ressort du pouvoir exécutif. Comme la notification suit de près la décision, on les réunit sous le nom de déclaration et cela se comprend surtout quand il n'y a extérieurement qu'un acte du Souverain." (Rapport à la Conférence présenté à la II ième Commission; Actes et Documents Tome I p. 134.)

dieser übergeben, oder aber dem bei der eigenen Regierung beglaubigten Gesandten der gegnerischen Regierung.[13]) Mit dieser heute üblichen Form ist jede Publizität des Vorgangs entfallen.[14]) Erfolgt die Kriegserklärung sowohl durch den eigenen Gesandten bei der fremden Regierung, wie auch durch Mitteilung der Regierung an den bei ihr beglaubigten fremden Gesandten, so wird für den Zeitpunkt, in dem die Kriegserklärung wirksam wird, die Prävention entscheiden müssen.

Wenn die Mitteilung der Absicht, den Krieg zu eröffnen, in der Tat loyalen Absichten entspringt, so muß dem Gegner eine angemessene Frist gesetzt werden, damit er sich vorbereiten kann, da sonst die Kriegserklärung eine bloße Formalität wäre. Diesem Gedanken ist im Mittelalter Rechnung getragen worden.[15]) Auch haben Theoretiker — freilich in völliger Verkennung der gegenwärtigen politischen Sachlage — dies Erfordernis einer angemessenen Frist auch heute noch für notwendig erklären wollen, wie sich denn auch das Institut de droit international in seiner Sitzung vom

[13]) Selbstverständlich könnte das Staatsoberhaupt oder die dazu kompetente Behörde in einer Republik den Krieg direkt, ohne Vermittelung seines Gesandten mitteilen; denselben Weg konnte auch der Minister des Äußern einschlagen und sich unter Umgehung des eigenen Gesandten direkt an das Ministerium des Auswärtigen des Gegners wenden, wie etwa Österreich 1914 mit seiner Kriegserklärung an Serbien.

[14]) Eine Folge dieses Mangels der Publizität würde sich bemerkbar machen, wenn einmal der Fall einträte, daß ein Gesandter, vielleicht irrtümlich, ohne Auftrag seiner Regierung, dem Staat, bei dessen Regierung er beglaubigt ist, den Krieg erklärte. Diese Kriegserklärung wäre formell völkerrechtlich gültig wegen des Repräsentativcharakters der Gesandten, kraft dessen sie als alter ego des sie entsendenden Staatsoberhauptes gelten (vgl. Hübler, Die Magistraturen des völkerrechtlichen Verkehrs S. 14ff.); sie müßte von dem Staat, dessen Gesandter sie erklärt hat, ausdrücklich widerrufen werden und verlöre erst mit dem Widerruf ihre Kraft. Inzwischen von dem Gegner vorgenommene feindliche Akte wären nach Kriegsrecht zu beurteilen. Dabei würde sich wahrscheinlich der Staat, dessen Gesandter unbeauftragt den Krieg erklärt hat, noch als angegriffen betrachten.

[15]) Vgl. oben S. 10 der Arbeit.

September 1906 in Genf dafür ausgesprochen hat.[16]) Das Haager Abkommen von 1907 erklärt eine angemessene Frist nicht für erforderlich, wahrscheinlich, weil es die formelle Kriegserklärung, die es einführt, sonst gänzlich zu einer Utopie machen würde.[17]) Es genügt also heute die fristlose (wegen Art. I des Haager Abkommens auch mit Gründen versehene) Kriegserklärung. Es erhebt sich allerdings sofort hier die Frage, ob der heutigen Form genügt ist, wenn dem bei der eigenen Regierung beglaubigten Gesandten der fremden Macht die Kriegserklärung in dem Augenblick übergeben wird, in dem die Truppen den Befehl erhalten, die Grenze zu überschreiten und den Gegner anzugreifen.[18]) Da der Gesandte berechtigt ist, Erklärungen mit völkerrechtlicher Wirkung entgegenzunehmen, so muß es als eine Kriegserklärung gelten, wenn der Gesandte von ihr Mitteilung erhalten hat, gleichgültig, ob mit demselben Augenblick der Krieg tatsächlich eröffnet wird, oder erst einige Zeit später.

Mit dem Augenblick, in dem der Krieg von der völkerrechtlich zuständigen Stelle an die völkerrechtlich zur Empfangnahme der Kriegserklärung zuständigen Stelle erklärt wird, treten die Rechtsfolgen, die sich an die Kriegserklärung knüpfen, ein. Diese Rechtsfolgen sind völkerrechtliche und staatsrechtliche auf der einen, privatrechtliche auf der andern Seite. Für die Frage, wann diese Wirkungen eintreten, ist die Bestimmung des Augenblicks der Kriegs-

---

[16]) Über das Nähere, namentlich die Fristen, siehe Annuaire de l'Institut de droit international, 21. Bd. droit théorique, 7. u. 8. question.

[17]) Einige Autoren, die Gegner jeder förmlichen Kriegserklärung sind, haben geltend gemacht, daß eine Kriegserklärung nur dann Zweck habe, wenn sie unter Bestimmung einer angemessenen Frist erfolge, daß also, wenn eine solche Fristsetzung nicht erfolge, die Kriegserklärung überhaupt sinnlos sei; da weiter die Fristsetzung dem Wesen des Krieges widerspreche, so kommen sie auf dem Wege eines interessanten Kettenschlusses zur völligen Ablehnung der Kriegserklärung. Diese Argumentation ist sehr alt; Barnekau a. a. O. S. 1189 müht sich bereits mit ihr ab.

[18]) So Rumänien 1916 an Österreich. Vgl. die Diskussion über diesen Punkt, der den Unterschied zwischen dem franz. und niederl. Vorschlag machte in den Actes et Documents Tome III S. 163, 173 ff.

erklärung wichtig. Die englischen Autoren gehen dabei überwiegend von privatrechtlichen Gesichtspunkten und Interessen aus und kommen auf diese Weise zu dem Ergebnis, den tatsächlichen Beginn der Feindseligkeiten als allein maßgebenden Moment zu betrachten, da jede andere Fixierung dieses Zeitpunkts willkürlich sei und eine leere Formalität darstelle. Für die formelle Kriegserklärung kann eine genaue Angabe über den Moment, mit dem der Krieg beginnen soll, nicht gefordert werden. Wenn im Text der Kriegserklärung nicht ausdrücklich gesagt ist, wann der Krieg beginnen soll, und sich auch aus der Fassung oder andern Umständen darüber nichts entnehmen läßt, so tritt die Kriegserklärung mit dem Augenblick in Wirkung, in dem sie angekündigt wird. Denn wenn diese Ansicht auch bisher noch nicht ausgesprochen ist, so wird man doch davon ausgehen können, daß die Kriegserklärung bereits der erste kriegerische Akt ist.[19]) Daß sie eine rechtlich bedeutsame Formalität darstellt, steht dem nicht entgegen. Kriegsbeginn ist der Moment, in dem an die Stelle der friedlichen Beziehungen zweier Staaten der Kriegszustand tritt. Allerdings ist ein indifferenter Zwischenraum von der Zeit des Aufhörens der friedlichen Beziehungen — Abbruch der diplomatischen Beziehungen — und dem Beginn der kriegerischen Handlungen möglich. Es kommt sogar vor, daß zwischen den beiden Staaten feindliche Beziehungen bestehen, ohne daß diese als kriegerische zu betrachten wären.[20]) Kriegerische Beziehungen treten aber erst ein, entweder mit der formellen Ankündigung des Krieges, oder mit einer kriegerischen Handlung. Daher war die Erklärung des Reichskanzlers im Deutschen Reichstag vom 28. Mai 1915 („Wir haben in Rom keinen Zweifel gelassen darüber, daß ein italienischer Angriff auf österreichisch-ungarische Truppen auch deutsche

[19]) Daß dieser Akt nicht immer offensiv zu sein braucht, sondern auch rein defensiv sein kann, siehe bei Rehm a. a. O. S. 134 ff. und in Mosers Beytr. Bd. I am Anfang.

[20]) Vgl. alle feindlichen Akte, die Italien vor der Kriegserklärung an Deutschland vorgenommen hat. Vgl. Rehm a. a. O. S. 122 und weiter unten S. 141 der Arbeit.

Truppen treffen würde") keine Kriegserklärung, sondern eine bloße Warnung an Italien. Es geht auch nicht an, den Kriegsbeginn an eine feindliche Handlung gegen einen andern, wenn auch verbündeten Staat, zu knüpfen. Hätten in Wirklichkeit Zusammenstöße zwischen italienischen Truppen und dem deutschen Alpenkorps[21]) stattgefunden, so wäre der Kriegsbeginn zwischen Deutschland mit dem Augenblick dieses Zusammenstoßes eingetreten, nicht etwa infolge oder mit der obigen Erklärung des Reichskanzlers.

Weil die Kriegserklärung bereits ein kriegerischer Akt ist,[22]) kann es vorkommen, daß zwischen ihr und dem ersten militärischen Ereignis keine Frist liegt,[23]) ohne daß darin ein Widerspruch mit den Vorschriften des Haager Abkommens von 1907 enthalten zu sein braucht. Umgekehrt dagegen ersetzt nicht etwa die erste kriegerische Handlung die Kriegserklärung, oder stellt sie gar dar, sondern er macht sie nur bedeutungslos: der so begonnene Krieg wird völkerrechtlich nicht anders behandelt, wie der formgerecht erklärte Krieg.[24]) Trotzdem ist die Kriegserklärung nicht überflüssig, so wenig wie irgendeine andere Erfüllung völkerrechtlicher Verpflichtungen überflüssig ist.

Mit Rücksicht auf die Wichtigkeit des Augenblicks der Kriegserklärung fragt es sich, ob es in der Macht eines kriegführenden Staates steht, diesen Augenblick beliebig festzusetzen, vor- oder nachzudatieren.[25]) Selbstverständlich kann der einzelne Staat für interne Beziehungen, d. h. seinen

---

[21]) Rehm a. a. O. S. 198.

[22]) Über den Fall, daß dieser Charakter der Kriegserklärung als erster kriegerischer Akt von praktischer Bedeutung ist, vgl. die Darstellung und Erörterung der Ereignisse des rumänisch-bulgarischen Krieges 1913 oben S. 78 der Arbeit.

[23]) Vgl. die Ausführungen über diesen Punkt in den Actes et Documents Tome I S. 133 ff., Tome III S. 48, 167 ff.

[24]) Nur durch Beginn der Feindseligkeiten können Kriege eröffnet werden bei halbsouveränen und dauernd neutralisierten Staaten, weil diese einen Krieg weder erklären können, noch ihnen der Krieg erklärt werden kann. Vgl. oben S. 103 u. 125 der Arbeit und dagegen Frhr. v. Dungern, Zeitschr. f. Intern. Recht. Bd. 24 S. 5 ff.

[25]) Vgl. die Verhandlungen im amerikanischen Parlament bei Ausbruch des amerikanisch-spanischen Krieges.

Untertanen gegenüber, anordnen, daß die mit dem Kriege eintretenden Wirkungen mit diesem oder jenem Zeitpunkt beginnen, auch wenn diese Bestimmung des Zeitpunkts gegenüber dem tatsächlichen Kriegsbeginn rein fiktiv ist. Dagegen wäre eine Bestimmung, der Kriegsbeginn solle bereits von einem gewissen Zeitpunkt vor Beginn des ersten kriegerischen Ereignisses an datiert werden, völkerrechtlich, d. h. im Verhältnis zum andern Staat, und dessen Untertanen, nicht angängig, weil sie dem Zwecke der Kriegserklärung offenbar widerspricht. Doch wäre es denkbar, daß sich ein Staat mit seinem Gegner darüber einigt, von welchem Augenblick an die Kriegsfolgen als eingetreten betrachtet werden sollen; selbstverständlich würde es sich dabei nur um vertragliche Wirkungen handeln, die aber nur für die vertragschließenden Teile, nicht auch für Neutrale, Geltung haben können.

b) Das Haager Abkommen von 1907.

Nach Artikel I des Haager Abkommens von 1907 erkennen die Vertragsmächte an, daß die Feindseligkeiten unter ihnen nicht beginnen dürfen ohne vorausgehende unzweideutige Benachrichtigung, die entweder die Form einer mit Gründen versehenen Kriegserklärung oder die eines Ultimatums mit bedingter Kriegserklärung haben muß.

Geschichtlich-terminologisch ist zu der mit Gründen versehenen Kriegserklärung zu bemerken, daß die einfache Ankündigung indicatio oder denunciatio belli (déclaration de guerre) heißt (Klüber, Völkerrecht S. 112); sie erfolgt entweder unbedingt (pure) oder bedingt (eventualiter).[26]) Eine Kriegserklärung, die mit einer rechtfertigenden Ausführung der Tatsachen verbunden ist, heißt clarigatio.[27]) Bis zum Haager Abkommen von 1907 war eine solche Begründung nicht notwendig.

---

[26]) Vattel nennt den Krieg, der durch eine ausdrückliche Kriegserklärung angekündigt war, „guerre en forme".

[27]) Vgl. darüber die ausführliche terminologische Erörterung von Barnekau, de clarigatione et manifestis, cap. I und Klüber a. a. O. S. 282 ff. Die clarigatio soll eigentlich eine Zurückforderung geraubter Sachen bedeuten, deswegen nennt sie Grotius auch eine conditionata denuntiatio (de jure belli et pacis l. 3 c. 3 § 7).

Der Art. I dieses Abkommens stellt dieses Erfordernis auf. Es handelt sich dabei keineswegs um eine bloße äußerliche Formalität.[28]) Denn in dieser Rechtfertigung kann eine Bedingung der Kriegserklärung liegen.[29]) Auch wird der Eindruck der Kriegserklärung gemildert und es ist immerhin nicht gleichgültig, daß eine Partei wenigstens den Schein des Rechts zu wahren sucht und auf diese Weise dem Recht den Tribut entrichtet. Die Gründe, welche die Aufnahme des Erfordernisses einer Substantiierung in das Haager Abkommen veranlaßt haben, sind vielleicht, von der Rücksichtnahme auf den gegnerischen Staat abgesehen, vor allem praktische Erwägungen gewesen: noch im letzten Augenblick soll die Möglichkeit offen bleiben, daß durch die Beseitigung der Gründe zum Kriege der Krieg vermieden und eine Einigung herbeigeführt wird. Doch darf nicht übersehen werden, daß die einmal richtig abgegebene Kriegserklärung nicht etwa aufgehoben wird, sobald der Gegner sein Einverständnis mit den in ihr angegebenen Gründen erklärt und daß der den Krieg erklärende Staat ohne Rücksicht auf die Nachgiebigkeit des Gegners den Krieg eröffnen kann, ohne den Art. I des Haager Abkommens von 1907 zu verletzen. Aus demselben Grunde ändert es nichts an der Gültigkeit der Kriegserklärung, wenn die angegebenen Gründe nicht die wirklichen Gründe des Krieges sind.[30]) Denn die Kriegserklärung ist ein rein formeller Akt, wie sich denn auch die Frage, ob ein Staat einen Angriffs- oder Verteidigungskrieg führt, nicht danach beantwortet, ob der Staat den Krieg erklärt hat oder ob ihm der Krieg erklärt worden ist.

Obwohl in der Begründung, die der Kriegserklärung beigefügt wird, die Möglichkeit weitern Unterhandelns liegen kann, so ist die begründete Kriegserklärung doch kein Ultimatum.

---

[28]) a. A. Strupp, Zeitschrift für Völkerrecht Bd. VI S. 591 Anm. 3.

[29]) Vgl. aber die Motivierung der Aufnahme einer Begründung in den Actes et Documents Tome I S. 132. Es ist jedoch zu beachten, daß man, wo die rechtliche Form in Frage steht, nicht zwischen Grund und bloßem Vorwand unterscheiden kann.

[30]) Vgl. Rehm a. a. O. S. 125, 126, 134—139 und § 7 d. Arbeit.

Das Ultimatum ist nach dem Haager Abkommen von 1907 die zweite Form der Kriegserklärung. Es unterscheidet sich von der mit Gründen versehenen Kriegserklärung dadurch, daß es ausdrücklich eine Bedingung enthält und eine Frist zur Erfüllung dieser Bedingung (also zur Beseitigung der Gründe des Krieges) angibt. Das Ultimatum erfüllt äußerlich betrachtet ein Postulat, das der Kriegserklärung gegenüber oft aufgestellt ist: es setzt eine Frist zwischen die Androhung des Krieges und den tatsächlichen Beginn.[31]) Dieser Vorteil wird allerdings durch die Praxis, möglichst kurze Fristen beim Ultimatum zu stellen, fast völlig illusorisch. Dem Formerfordernis einer Fristsetzung ist ja auch durch die kleinste Frist genügt.

Inhaltlich bedeutet das Ultimatum einen letzten Vorschlag, um den Konflikt zu vermeiden. Das hindert allerdings nicht, daß der das Ultimatum absendende Staat auch auf andere Vorschläge eingeht, oder in einem neuen Ultimatum andere Forderungen stellt. Gewöhnlich wird heute die Nichtbeantwortung des Ultimatums bereits im voraus, im Ultimatum selbst als Ablehnung bezeichnet, an die sich die im Ultimatum angedrohten Folgen knüpfen. Wird die im Ultimatum gestellte Forderung nicht angenommen, so beginnt der Krieg mit Ablauf der im Ultimatum gestellten Frist, es sei denn, daß der Gegner schon vor Ablauf der Frist die Ablehnung erklärt; in diesem Falle beginnt der Krieg mit dieser Erklärung. Die Mitteilung des Ultimatums erfolgt, wie bei der Kriegserklärung überhaupt, durch oder an die Gesandten.

c) Formen, die unter Umständen eine Kriegserklärung darstellen (Actes équivalents).

In den älteren Lehrbüchern[32]) werden das Manifest und die Benachrichtigung der Neutralen gewöhnlich

[31]) „L'ultimatum porte en lui même l'avertissement préalable et non équivoque, il indique la concession exigée, et par conséquent la cause de la guerre en cas de refus, enfin il limite même la guerre dans le temps, puisque l'état de guerre commence à la limite du délai de réponse.“ (Actes et Documents Tome III S. 168.)

[32]) Klüber a. a. O. nennt die „Kriegserklärung an die eigenen Untertanen und an die Neutralen“ richtig Kriegsverkündung (publi-

als Formen, unter denen der Krieg erklärt werden kann, bezeichnet. In Wahrheit enthalten sie keine Kriegserklärung im technischen Sinne, denn sie sind nicht Erklärungen des einen Staates an den andern, sondern sie sind Bekanntmachungen an eine Allgemeinheit von Adressaten. Anfangs waren Adressaten der Manifeste alle Staaten außer dem Gegner;[33]) anders ausgedrückt: es hatte keine besonders bestimmte Adresse, nur daß es nicht an den Gegner gerichtet war. Im Laufe der Zeit richtete es sich an eigene und fremde Untertanen. Doch hat sich der Gebrauch herausgebildet, Manifeste als Kriegserklärungen anzusehen. Wenn sie, nach der öffentlichen Bekanntmachung in dem erklärenden Staat, der gegnerischen Regierung auf irgendeine Weise vor Beginn der Feindseligkeiten bekannt werden, ist gegen diese Gewohnheit auch rechtlich nichts einzuwenden. Soweit daher ein Staat dem Haager Abkommen nicht beigetreten ist, wäre es möglich, daß auch heute noch eine Kriegserklärung formgerecht auf diesem Wege erfolgte. Was bei dieser Form der Kriegserklärung im Vergleich zu den andern Formen wegfällt, ist das Erfordernis einer Notifikation an den Gegner, weshalb sie auch weit weniger zuverlässig ist als die andern und an sich keine eigentliche Kriegserklärung darstellt, sondern nur ein „acte équivalent".

Dic Kriegsmanifeste pflegen durch ein Gegenmanifest von dem anderen Teil beantwortet zu werden. Doch geschieht dies nicht in allen Fällen. Sie werden zur Widerlegung der Kriegsbegründung des Gegners verfaßt und be-

---

catio belli). Die in den Manifesten an die Untertanen erlassenen Warnungen, sich mit den Feinden in Verkehr einzulassen, heißen Dehortatorien; die Erlaubnis oder Lizenz hierzu Inhibitorien und der Rückruf der Untertanen, die sich in fremdem Staats- oder Kriegsdienst oder sonstwie in fremdem Lande befanden, Avocatorien, die Excitatorien und Auxiliatorien sein können.

[33]) „Eine eigentliche Adresse hat das Manifest nicht. Doch ist es üblich, daß ein Hof, der ein Kriegsmanifest herausgibt, es allemal entweder allen an seinem Hofe stehenden fremden Gesandten, oder durch seine bey auswärtigen Höfen stehende Gesandten den Souveränen mitteilen läßt, außer demjenigen, dem der Krieg erklärt wird." (Mosers Beytr. I. Theil S. 395.)

zwecken eine Beeinflussung der Neutralen und der eigenen Untertanen im Sinne der herausgebenden Macht. Sie pflegen auf dieselbe Weise wie Manifeste den übrigen Mächten mitgeteilt zu werden. Man kann sie als Gegenstück zu den Antworten der litterae diffidationis betrachten, doch nur äußerlich, weil diese inhaltlich eine ausdrückliche Kriegserklärung enthielten, während im Gegenmanifest nur von der Kriegsbegründung die Rede ist.

Abgesehen davon aber enthält das Manifest, soweit es sich an die Untertanen wendet, mit der Bekanntmachung des Krieges, häufig Befehle und Anordnungen, die heute die Folge der Erklärung des Kriegszustandes sein würden. Hierbei handelt es sich um eine rein interne Angelegenheit des Staates,[34]) [35]) ebenso wie bei der Erklärung des Kriegszustandes selbst.[35a])

---

[34]) Über den Zweck und den Stil dieser Manifeste vgl. die interessanten Bemerkungen in der Dissertation von Barnekau, de clarigatione S. 1212/13. Die Klagen über die Unzuverlässigkeit dieser Manifeste und ihre hinter Phrasen versteckten Vorwände und Irreführungen haben seit Grotius nicht aufgehört. Vgl. Barnekau a. a. O.: „quis enim unquam bellavit quin sanctitatem juris et speciosa vocabula suis consiliis preferet?" Er zitiert dabei seinen Lehrer Boecler („Saepe enim ante et sub initio bellorum speciosissimi sanctissimique, tituli, sermonibus, rumoribus, scriptis vulgantur: in quibus continentur, merae causae justificae bellorum, sed quae respectu usurpantium meri sunt praetectus"). Vgl. auch Rustow, Kriegspolitik und Kriegsgebrauch S. 108 und S. 111: es sei vernünftig, beim Krieg, und allem was auf ihn Bezug hat, so wenig wie möglich vom „Recht" zu sprechen.

[35]) Moser scheint im Manifest weniger eine Kriegserklärung als eine Kriegsrechtfertigung und Begründung zu sehen. Nur so erklärt sich seine Auffassung, daß kein Manifest erlassen zu werden braucht, wenn man den Krieg bloß als „hilfeleistender Teil" und nicht als „Hauptpartei" führt, weil ihm die Hilfe, welche man in diesem Falle gewährt, durch irgendwelche vorherige Abmachungen bereits genügend gerechtfertigt und begründet erscheint. So führt er im I. Theil S. 373 seiner Beyträge zum Völkerrecht aus: „Fast allezeit machet indessen bey dem Ausbruch eines Krieges einer derer streitenden Souveraine offentlich ein Manifest, oder eine Schrift, bekannt, warum er sich genöthiget gesehen habe, die Waffen zu ergreifen. Absonderlich geschiehet dises, wann derselbe den Krieg in eigenem Namen und als eine Hauptparthie führet. Wann aber

In den Manifesten pflegte man früher auch den Wunsch auszusprechen, man hoffe das diesseitige Verfahren werde gebilligt, das des Gegners dagegen gemißbilligt werden. Man werde daher nichts zu jenes Nachteil und nichts zum Vorteil des Gegners vornehmen oder geschehen lassen.[36]) Daraus geht hervor, daß das Manifest damals gewöhnlich auch die Mitteilung des Kriegszustandes an Neutrale enthielt. Verwandt mit dem Manifest ist die Benachrichtigung Neutraler, die ebenfalls eine bloße Bekanntmachung, keine Kriegserklärung ist. Eine besondere Form für diese Benachrichtigung hat sich nicht entwickelt. Doch schreibt Art. II des Haager Abkommens von 1907 diese Benachrichtigung vor und zwar soll sie unverzüglich erfolgen und wird erst nach Eingang einer Anzeige wirksam, die auch auf telegraphischem Wege erfolgen kann. Die neutralen Mächte können sich aber auf das Ausbleiben der Anzeige nicht berufen, wenn unzweifel-

---

ein an einem Krieg Antheil nehmender Souverain nur als ein hülfeleistender Theil angesehen werden will, wird es verschiedentlich gehalten. In solchem Falle gaben Preußen, Schweden, Rußland und einige Male auch Frankreich trotzdem Manifeste heraus. 1741—44 führte der letztere Staat als angeblich bloß hülfeleistender Theil Krieg gegen Oesterreich ehe er ein Manifest an das Licht stellete, und dadurch den Krieg in eigenem Namen erklärte. Endlich haben im oesterreichischen Successionskrieg Sardinien, Modena usw. mit dem einen oder andern kriegenden Theil Parthie gemacht, ohne sich deswegen vor dem Publico zu rechtfertigen."

Die wesentlichen Erfordernisse eines Manifestes, die sich mit den hier für die Kriegserklärung aufgestellten decken, stellt Moser im § 10 seiner Beyträge (I. Theil S. 404) auf. Als Besonderheit ist nur zu erwähnen, daß der König, der das Manifest erläßt, meist in der dritten Person redet, um ihm das Ansehen einer Schutzschrift und den Anschein einer möglichst großen Objektivität zu geben. Auch würden sie in der Regel unterzeichnet, eine Übung, die allein in Preußen nicht in Gebrauch war. Sie mußten auch mit einem Datum versehen sein.

(Über die religiösen Zeremonien, unter denen sie in Rußland verkündet zu werden pflegten, siehe dort I. Theil S. 392.)

[35a]) Die am 6. April 1917 erfolgte Erklärung des amerikanischen Kriegszustandes ist daher nicht als eine formelle Kriegserklärung aufzufassen.

[36]) Mosers Beytr. I. Theil S. 404.

haft feststeht, daß sie den Kriegszustand tatsächlich gekannt haben. Das Fehlen einer Notifikation ist hier im Gegensatze zum Kriegsmanifest ohne Einfluß auf die Gültigkeit der Mitteilung. Es herrscht also hier Formfreiheit. Üblich ist die Anzeige des Krieges an Neutrale durch den Gesandten des Staates, der den Krieg erklärt. Meistens erfolgen dabei noch öffentliche Bekanntmachungen, die den Zweck haben, die öffentliche Meinung für sich zu gewinnen. An Stelle der ausführlichen Argumentationen, die früher diesem Zwecke dienen sollten,[37]) sind heute die Zusammenstellungen von Dokumenten getreten, die in Form von Buntbüchern herausgegeben werden und infolge der einfachen Aneinanderreihung von Urkunden den Schein größerer Sachlichkeit und Objektivität erwecken.

d) Formen, die unter keinen Umständen eine Kriegserklärung darstellen.

1. Abbruch der diplomatischen Beziehungen.

Der einzelne Staat hat ein Recht und eine Pflicht zum Verkehr mit den andern Staaten. Er unterhält diesen Verkehr auf dem Wege der diplomatischen Beziehungen.[38]) Soll dieser Verkehr aufgegeben werden, so ist zu unterscheiden zwischen der Abberufung der Gesandten (rappel des agents diplomatiques) und der Unterbrechung der diplomatischen Beziehungen (cessation des négotiations diplomatiques). Die Unterbrechung der diplomatischen Beziehungen hindert nicht, daß die Unterhandlungen bezüglich eines Spezialpunktes fortgesetzt werden. Die Mitteilung des Abbruches der Beziehungen ist eine rücksichtsvollere Form der Einstellung dieser Beziehungen, als die Abberufung des Ge-

[37]) Vgl. oben S. 41 der Arbeit. In den Edikten und Ordonnancen tritt dieser rein interne Charakter am besten hervor, da es sich hier offenbar um Befehle an Behörden handelt und Wirkungen erzielt werden sollen, die heute auf dem Wege des Übergangs der vollziehenden Gewalt erreicht werden.

[38]) Eine internationale Rechtspflicht, gesandtschaftlichen Verkehr zu unterhalten, besteht nicht (vgl. Hübler a. a. O. S. 23).

sandten ohne Mitteilung an den betreffenden Staat. In beiden Fällen hören aber alle direkten Beziehungen auf.[39])

In dem Abbruch der Beziehungen liegt ein unfreundlicher, wenn auch kein kriegerischer Akt. Damit ist nicht gesagt, daß an die Stelle der bisherigen freundschaftlichen Beziehungen nunmehr feindliche treten sollen. Häufig ist es zum Abbruch der freundschaftlichen Beziehungen gekommen, ohne daß ein Krieg eintrat.[40]) Selbst zwischen dem Abbruch der Beziehungen und dem Beginn des Krieges liegt noch eine weitere Zwischenstufe: es kann nach dem Abbruch der diplomatischen Beziehungen zu feindlichen Akten kommen, die noch keine kriegerischen sind. So hat z. B. Italien 1915 deutsche Schiffe, die sich seit Kriegsbeginn in italienischen Häfen befanden, nach Abbruch der diplomatischen Beziehungen mit Deutschland requiriert und zur Herstellung des Verkehrs mit England und Amerika verwendet.[41]) Trotzdem bedeutete das nicht den Krieg zwischen Italien und Deutschland.[41a])

---

[39]) Rehm a. a. O. S. 122.

[40]) Fälle bei Travers-Twiss a. a. O.

[41]) Antwort des englischen Handelsministers Runciman im Unterhaus auf eine Anfrage vom 24. Februar 1916.

[41a]) Der weitere Verlauf des gegenwärtigen Weltkrieges hat hier noch besondere Zwischenstufen entstehen lassen. Vgl. die interessante, das Verhältnis des Deutschen Reiches zu Brasilien betreffende Ausführung in Nr. 1031 der Neuen Zürcher Zeitung vom 8. Juni 1917: „Ein ganz merkwürdiges Verhältnis hat sich zwischen Brasilien und Deutschland herausgebildet. Daß ein Staat die diplomatischen Beziehungen mit einem andern abbricht, ohne den Krieg zu erklären, daran war die Welt schon gewöhnt. Nun aber hat der Präsident der brasilianischen Republik am 3. Juni (1917) auch noch das von den beiden Kammern angenommene Gesetz über die Aufhebung der Neutralitätserklärung in dem deutsch-amerikanischen Konflikt ratifiziert, ohne doch den Krieg an Deutschland zu erklären. Brasilien ist also nicht mehr neutral, aber auch kein kriegführender Staat. Dies ist nun aber kein bloßer Wortstreit, sondern praktisch von sehr großer Bedeutung. Denn solange Brasilien formell den Krieg nicht erklärt, wird es sich zwar für berechtigt halten, sich für seine versenkten Schiffe an den in seinen Häfen internierten deutschen Dampfern schadlos zu halten, auch Maßregeln zum Schutze seiner Schiffahrt zu treffen und den Ententestaaten bei ihrem Vorgehen in dieser

In einigen Verträgen ist allerdings bestimmt, daß der Abbruch der Beziehungen einer Kriegserklärung gleichkommen soll.[42]) In dem Falle hat es natürlich bei der vertraglichen Abmachung sein Bewenden und die vorhin genannten Zwischenstufen sind nicht mehr möglich. Dadurch aber, daß einige Staaten diese Form als Kriegserklärung vereinbart haben — was ihnen selbstverständlich freisteht, wie sie auch jede beliebige andere Form der Kriegserklärung vereinbaren können — ist der Abbruch der Beziehungen nicht zu einer Kriegserklärung geworden; er ist daher nicht als allgemeine völkerrechtliche Form der Kriegserklärung zu betrachten.

Sind die diplomatischen Beziehungen abgebrochen, ist der Krieg aber noch nicht erklärt, so fragt es sich, wie die Kriegserklärung notifiziert werden soll. Die Note, die die Kriegserklärung enthält, wird dann der Regierung, welcher der Krieg erklärt werden soll, durch denjenigen Gesandten übergeben, der den Schutz der Interessen des den Krieg erklärenden Staates übernommen hat. Doch sind auch andere Wege der Mitteilung möglich. Im österreichisch-serbischen Krieg hat z. B. Graf Berchtold nach Abbruch der diplomatischen Beziehungen in Serbien durch ein einfaches Telegramm dem serbischen Auswärtigen Amt die Kriegserklärung Österreich-Ungarns direkt mitgeteilt. Der serbische Minister Paschitsch begab sich beim Empfang des Telegramms zum deutschen Gesandten, der den Schutz der österreich-ungarischen Interessen übernommen hatte, und fragte ihn, ob ihm etwas über die Kriegserklärung bekannt sei, worauf der deutsche Gesandte verneinend antwortete.

Endlich sei noch erwähnt, daß wenn auch der Abbruch der diplomatischen Beziehungen eine Folge der Kriegserklärung

---

Richtung behilflich zu sein; es wird aber keine Truppen auf den europäischen Kriegsschauplatz abordnen... auch die deutsche Note legt zwar gegen die Konfiszierung der deutschen Schiffe Protest ein, nimmt aber von einer Kriegserklärung Abstand, wie eine im Falle Portugals erfolgt war."

[42]) Fälle bei Travers-Twiss a. a. O. S. 62 und Maurel a. a. O. S. 277.

ist, doch gelegentlich Fälle vorgekommen sind, wo die Gesandten der kriegführenden Staaten noch während des Krieges auf ihrem Posten blieben.[43]) Heute freilich dürften diese Ausnahmen ganz ausgeschlossen sein.

2. Beginn der Feindseligkeiten als Kriegserklärung.

Als den Hauptzweck der Kriegserklärung kann man die Benachrichtigung des Gegners ansehen; das Mittelalter ging, wie bereits erwähnt, in der Ausbildung dieses Gedankens und in der Rücksicht auf den Gegner so weit, daß ihm sogar eine Frist zur Vorbereitung gelassen wurde. Nach einer andern, mehr privatrechtlichen Auffassung der Kriegserklärung (vgl. oben S. 132 der Arbeit), kommt es vor allen Dingen darauf an, unzweideutig einen äußerlich wahrnehmbaren Zeitpunkt zu fixieren, mit dem der Krieg beginnt. Daß diese Auffassung sich immer mehr verbreitete, ist aus den veränderten wirtschaftlichen Verhältnissen zu erklären, die mit dem 18. Jahrhundert eintraten: für die im wesentlichen kommerziellen, also privatrechtlichen Interessen (z. B. die Frage, von welchem Augenblick an ein feindliches Handelsschiff gekapert werden durfte und rechtmäßiges Eigentum des mit einem Kaperbrief ausgerüsteten Kaufmannes wurde), handelte es sich vor allem um den Augenblick, mit dem die rechtlichen Wirkungen des Krieges eintraten. Diesem Interesse ist aber genügt, wenn irgendein Augenblick unzweideutig fixiert werden kann. Wählte man hierfür die Kriegserklärung, so unterschied sich diese in ihrer äußeren Form in keiner Weise von den andern üblichen diplomatischen Schritten. Außerdem hatte die Kriegserklärung den Nachteil, daß sie mit den Tatsachen im Widerspruch stehen konnte. Deswegen war es am zweckmäßigsten, eine Tatsache für maßgebend zu erklären.

Die Vertreter dieses Gesichtspunktes, den man als den privatrechtlichen[44]) bezeichnen kann, gebrauchen nun die Wen-

[43]) Fälle bei Maurel a. a. O. S. 278.

[44]) Der spezifisch privatrechtliche Gesichtspunkt dieser Auffassung zeigt sich in einer privatrechtlichen Analogie, die bei eng-

dung, die Kriegserklärung erfolge eben durch die Tatsache, sie verkörpere sich in einer Tatsache; der Wille, Krieg zu führen, werde am deutlichsten durch die Vornahme eines kriegerischen Aktes dokumentiert. Sie übersehen aber, daß die Form der Kriegserklärung zu ihrem Wesen gehört.

Zunächst ist der Augenblick, in dem die Feindseligkeiten eröffnet werden, keineswegs leicht eindeutig zu bestimmen und mit Sicherheit festzustellen. Die zahllosen Fälle, in denen sich die kriegführenden Staaten einander den ersten Angriff oder die erste Grenzverletzung zuschieben, und die wohl niemals aufgeklärt werden können, beweisen, wie problematisch der Wert einer solchen Fixierung des Kriegsbeginns ist.

Das Wesentliche ist aber, daß irgendein tatsächlicher Vorfall nicht als eine Erklärung bezeichnet werden kann. Sobald die Kriegserklärung für notwendig erachtet wird, kommt es nicht mehr auf einen beliebigen Ausdruck der kriegerischen Absicht an, sondern der Akzent ruht auf der Form der Erklärung. Und wenn hier eine Analogie erlaubt ist, so wäre es eher folgende: wer einen Menschen getötet hat, kann nicht geltend machen, es habe sich um ein Duell gehandelt, bei dem der erste Stoß eben die „Forderung“ gewesen sei.

---

lischen Autoren beliebt ist: das Verhältnis des Kriegsanfanges zur Kriegserklärung wird auf das Verhältnis der tatsächlichen Errichtung einer Urkunde zu ihrer Datierung zurückgeführt. Wenn sich nun die Frage erhebt, welcher Zeitpunkt für die Errichtung etwa eines Testamentes in Frage kommt, und der Augenblick der tatsächlichen Errichtung verschieden ist von dem durch die Datierung angegebenen, so geht der Zeitpunkt der wirklichen Errichtung vor, da es nicht der privaten Willkür überlassen werden kann, durch beliebige Datierung die Tatsachen zu beseitigen. Unter Berufung darauf, daß auch die formelle Kriegserklärung zu einem beliebigen Zeitpunkt vorgenommen werden und mit den Tatsachen im Widerspruch stehen könne, wird dann geschlossen, daß auch völkerrechtlich die Tatsachen den Ausschlag geben.

www.ingramcontent.com/pod-product-compliance
Lightning Source LLC
LaVergne TN
LVHW042245300926
849161LV00003B/476
9783112691793